文化创意与传播前沿丛书

境外资本与中国传媒

李本乾 刘强 等著

Foreign Capital and Chinese Media

内容提要

本书通过借鉴规制经济学、政府监管、金融监管学等多学科领域的知识，对境外资本进入我国传媒业的现状、问题及监管对策进行了研究，提出了我国传媒业监管的改革路径。

本书适合新闻传播专业师生、传媒从业人员以及政府管理部门参考阅读。

图书在版编目(CIP)数据

境外资本与中国传媒 / 李本乾等著. —上海：上海交通大学出版社，2015（2019.8重印）

ISBN 978-7-313-14354-9

Ⅰ.①境… Ⅱ.①李… Ⅲ.①传播媒介-外资引进-市场管理-中国 Ⅳ.①G219.2

中国版本图书馆CIP数据核字(2015)第311992号

境外资本与中国传媒

著　　者：李本乾　刘　强　等

出版发行：上海交通大学出版社

地　　址：上海市番禺路951号

邮政编码：200030

电　　话：021-64071208

印　　刷：三河市兴国印务有限公司

经　　销：全国新华书店

开　　本：710mm×1000mm　1/16

印　　张：10.75

字　　数：213千字

版　　次：2015年12月第1版

印　　次：2019年8月第3次印刷

书　　号：ISBN 978-7-313-14354-9/G

定　　价：39.00元

前　言

Preface

资本的趋利性是天然的，作为世界上传媒产业增速最快的中国传媒市场，无疑具有很大的开发潜力，为诸多外资所青睐。随着中国加入 WTO 过渡期的结束，境外资本在中国传媒市场运作的渗透性和灵活性已经大大加强，以广告、发行、版权合作或者组建合资公司等方式，境外资本进入中国传媒业已经是公开的事实。本书通过收集整理境外资本进入中国传媒产业的贸易、契约和直接投资三大模式的发展数据，分析三大模式的发展现状与趋势。数据分析发现，境外资本进入主要呈现以下特点与趋势。

一、境外资本进入规模将逐年递增

无论是贸易进入、契约进入还是直接投资进入，在 10 年间均保持逐年递增趋势，境外传媒产品贸易 2003 年输入规模为 1.3 亿美元，2012 年增长为 8.4 亿美元，增长 5 倍多；版税和许可费服务入境规模在 10 年间高速发展，10 年间增长了 4 倍，平均年增长速度 44.47%；同样，境外资本并购中国传媒企业的交易市值也在不断增加，2014 年完成 39.95 亿美元的并购交易，增长速度较快。基于中国日益开放的市场环境，可以预测境外资本进入规模将逐年递增。

二、境外资本进入模式将逐步高级化

从各大进入模式的发展数据看，境外资本贸易进入的规模增速在下降，2008年、2009年和2012年均出现下降，一定程度说明境外传媒产品贸易进入增长相对乏力。而版权输入增速总体高于贸易输入模式，规模也远远高于贸易输入模式，但是其增速也在放缓。与此同时直接投资模式交易数量增长较快，2014年全年境外资本完成78宗传媒并购交易，截至2015年10月1日，境外资本已完成79宗传媒并购交易。根据企业的国际化程度演进来看，跨国公司也基本遵循贸易模式→契约模式→直接投资模式的演进历程，可以认为境外资本进入中国传媒产业也将延续这一发展历程。

三、境外资本直接进入方式将日趋隐蔽化与间接性

很多境外资本并非完全通过传统欧美日等国以及中国港台、澳地区进入中国，而是通过开曼群岛、维尔京群岛、百慕大等世界避税天堂的企业渠道进入中国，完成传媒企业的并购。

合资方式在2005年以前是境外资本并购中国传媒企业的最主要方式，但是2005年以后采用参股并购方式的进入模式远远超过其他并购方式。根据ZEPHYR全球并购交易数据库的数据，2002—2015年10月，境外资本参股并购中国传媒企业的交易数量338宗，占总并购交易数量的55.5%。可以认为境外资本进入中国传媒产业的并购交易类型将主要以参股为主，通过收购一定数量的股权达到参股分享收益的目的。

四、境外资本直接投入进入行业将集中于新媒体相关产业

发生传统媒介产业的境外并购交易数量非常少，越来越多的境外资本主要选择意识形态性较弱、与舆论导向性关联度低的传媒领域，如网络电视、手机电

视、动漫卡通节目制作等与新兴数字媒体技术相关的传媒企业，由于其高成长性和高回报性，可能更能吸引境外资本的关注。根据 ZEPHYR 全球并购交易数据库的数据，也证实近年来境外资本进入中国传媒产业，并购的企业类型越来越多的以网络出版、广播电视与网络搜索服务为主。13 年间收购中国网络传媒服务类企业的交易数量 456 宗，占总并购交易数量的 74.9%。

境外资本的市场进入，给予中国传媒产业极大的外部推动力，为产业的复兴与成熟带来正面的积极影响，但与此同时，也会带来一些负面的隐忧。一方面增加了中国传媒产业发展的资本存量，产生境外资本的技术溢出效应，优化了市场结构和产业格局，促进了中国电影业的制度变迁；但是另一方面影响和破坏了中国文化的多样性和民族性，不利于本土传媒企业创新，对中国文化安全带来挑战。中国传媒业与发达国家传媒产业相比尚处于幼嫩时期，虽然外资进入难免会对其带来一些问题，但从客观环境与主观发展的角度来看，都不能因噎废食，因此必须对进入的外资进行合理规制，建立科学的监管体系。

本书通过借鉴规制经济学、政府监管、金融监管学等多学科领域的知识，提出我国传媒业监管的改革路径，依据中国政府现有体制的设计，在国务院众部门中可单独设置“传媒与信息发展部”，作为整个监管体制中的牵头监管机构，凭借其权威性、高行政级别更好地发挥牵头负责、接受反馈引导协调的监管作用。传媒监管、资产监管、信息技术监管三个部门为实行混业监管的具体监管执行机构，具体监管对象不再是以前的以媒体形态划分不同传媒行业如新闻出版业、广播电视业等进行独立的割据式分业监管，而由依据一定标准划分不同监管力度级别的对象进行混业监管，在对标准的制定中要考虑资本的进入情况与传媒影响力、公共或商业的偏向性等。专门设立运行监管委员会，依据市场进入的逻辑对外资进入中国传媒业在流程上进行系统的监管。按市场的运作逻辑做到集权监管，是对进入中国传媒业的外资进行全程监管的最佳路径。其次，在混业监管体制的权力设置下，监管主体实施功能性监管。运行监管委员会通过对外资进入传媒市场的审查评价、预警、处置风险，直接负责其市场准入、运作、退出的监管，同时主持传媒监管部门、资产监管部门、信息技术部门一起协同完成审查、预警、处置风险的职能，双管齐下，各有侧重，各有所长，从而构建了我国传媒业外资的不完全集中监管体制与集权监管流程的耦合模式。

本书由李本乾教授提出框架，由刘强博士、谢宽、何宇、田育松共同参与撰写完成。撰写分工如下：第一章由谢宽和刘强合作撰写，第二章由刘强撰写，第三章由李本乾、何宇和刘强合作撰写，第四章由李本乾、刘强和田育松合作撰写，第五章由何宇和刘强合作撰写，第六、七、八章由谢宽撰写。刘强博士参与全书的校对，最后由李本乾教授审阅和定稿。

本书所研究问题具有一定的前瞻性和实践性，但由于国际市场环境变化莫测，我国传媒管理面临诸多挑战，本书各种瑕疵在所难免，权且“抛砖引玉”，求教于方家。

目录

Contents

第一章
境外资本进入我国传媒产业的发展态势

一、引言

资本的趋利性是天然的，作为世界上传媒产业增速最快的中国传媒市场，无疑具有很大的开发潜力，为诸多外资所青睐。中国传媒业呈现稳步增长的态势，2014 年传媒产业总值首次超越万亿元大关，达 11 361.8 亿元，同比增长 15.8%。自 2005 年的 3 005.5 亿元，规模已增长了 2 倍多，10 年来其年增长速度远远超过同期中国 GDP 增长率。① 过去，由于政策的屏障，境外资本非但不能光明正大地向中国传媒业投资，还总是要偷偷摸摸、提心吊胆，使两者均无法在合法的保障下放量做大。但今非昔比，随着中国加入 WTO 过渡期的结束，境外资本在中国传媒市场运作的渗透性和灵活性已经大大加强，以广告、发行、版权合作或者组建合资公司等方式，外资进入中国传媒业已经是公开的事实。

中国传媒产业的发展与日益革新的体制越来越迫切要求引入境外资本，这逐步为境外资本进入提供了条件。我国传媒单位体制改革不断取得新突破，目前文化体制改革的重要主题之一即为逐步将经营性媒体事业单位转制为企业并支持媒体企业发展，以便其更适应市场经济体制的要求，重塑市场主体，解放和发展媒体生产力。传媒业欲通过资本运营的手段，借助资本市场的资金融通、体

① 崔保国.2015 年中国传媒产业发展报告[M].北京：社会科学文献出版社，2015.

制培育和资产重组三大功能，尽快实现市场化和规模化经营，同时使我国传媒企业的经营运作逐步进入科学化的轨道。

然而，境外资本进入中国传媒业必然是一把双刃剑。境外资本进入对中国传媒业的既有格局正产生着深刻的影响，并进而形成有效的竞争机制，促使中国传媒业加快自身的改革和发展；它的进入也会带来世界一流的传媒业专业运作经验，这对我国传媒业的发展无疑是长足的促进等。但是，除了正效应，境外资本的进入势必会带来相应的负效应。传媒市场是一种特殊的市场，因为其商品不但具有经济属性，还有着政治属性与文化属性。在中国传媒产业整体素质尚薄弱，传媒市场不够完善的情况下，境外资本的进入如果得不到正确规制与妥善监管必然后患无穷：从产业安全与市场发展的角度看，我国传媒业面对国际传媒"巨人"的挑战，难免会受到巨大冲击；从国家文化安全的角度看，传媒产品蕴含着丰富的文化内涵，它涉及社会多层次的公共利益，关乎公共文化价值观。因此，如果对境外资本进入我国传媒业不能够有力监管，定会造成许多负面影响。

中国传媒业与发达国家传媒产业相比尚属幼嫩，尤其是在合理利用境外资本方面更是如此，虽然境外资本进入难免会对其带来一些问题，但从客观环境与主观发展的角度来看，都不能因噎废食，同时只要能对进入的外资进行合理规制，建立科学的监管体系，扬长避短，必将使境外资本的利用价值达到最大化。

二、我国传媒业的发展态势

改革开放30多年，我国传媒产业发生了翻天覆地的变化，尤其在近几年，中国传媒业的发展连续保持着多年稳步增长的态势。自"十二五"规划以来，我国首次明确提出"推动文化产业成为国民经济支柱性产业"，文化产业地位在整个国民经济中的地位进一步提升，作为新的经济增长点，文化产业的战略地位也愈加突显，这无疑为传媒业增添了新的动力。中国传媒产业连续10年高速增长，2012年出现最高增速，年度增速高达21.2%，远远超过同期GDP 7.7%的增速，2014年产值突破万亿，成为新兴的万亿级别产业（见图1-1）。

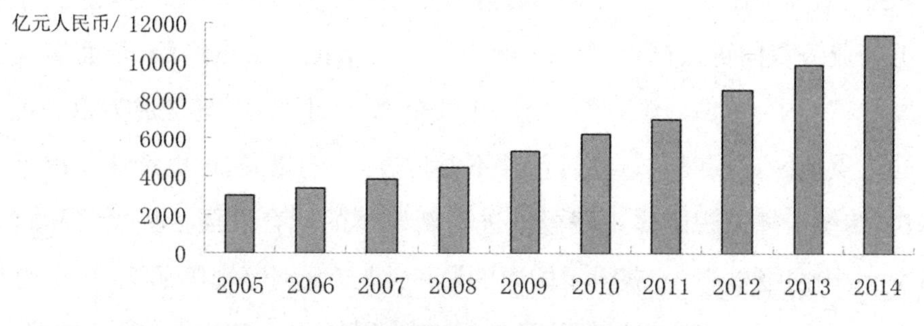

图 1-1 中国传媒产业产值年度增长情况①

与此同时，我国传媒业也面临着传统格局逐渐瓦解，业外资本逐步注入，新商业模式尚未形成，数字化技术高速发展，媒体融合势不可挡的局势，在现阶段，我国传媒业发展的主要特点表现在：

（一）数字技术发展与政策因素，改变着原有的传媒形态，融合趋势势不可挡

传媒形态是各种媒体形式的现实状态，它包括传媒在提供信息传播服务时，产品、载体的形式、服务模式的特征以及其产品的产业链形态。通常情况，致使传媒形态发生变化的原因主要有两个：一是技术革命，重大的传媒技术革命可以创造一个新的传媒行业。手机上网便是一个实例，2004 年，手机上网在中国只是一个试验性的技术，而截至 2015 年 6 月，我国手机网民规模达 5.94 亿，较 2014 年 12 月增加 3 679 万人，网民中使用手机上网的人群占比由 2014 年 12 月的 85.8%提升至 88.9%。② 不仅如此，随着技术环境的进一步优化，3G 网络的普及，这一数字还会呈现强劲态势。此外，报网融合、数字出版、互联网的急速发展都是此因素的最好说明。

另一个改变传媒形态的重要因素就是政策，这对处于转型期的中国来说，政策层面的引导是传媒产业发展过程中的绝对力量。“十二五”规划中，三网融合被确定为未来 5 年中国七大战略性新兴产业之一。2010 年，国务院常务会议决定，加快推进广播电视网、电信和互联网的“三网融合”，意味着原来独立运作的三网将相互渗透、相互融合，开启传播的新时代。我国三网融合正式进入实施阶

① 崔保国.2015 年中国传媒产业发展报告[M].北京：社会科学文献出版社，2015.

② 中国互联网络信息中心(CNNIC)第 36 次《中国互联网络发展状况统计报告》，2015 年 7 月。

段，国务院明确提出推进三网融合的阶段性目标："2010—2012 年，重点开展广电和电信业务双向进入试点；2013—2015 年，总结推广试点经验，全面实现三网融合发展。"[①]同年 6 月，国务院办公厅正式公布 12 个城市、地区成为第一批三网融合的试点地区。同时，试点实行了"不对称进入"的格局，广电产业获得了先期发展权，传统广播电视媒体正积极推进与新媒体的融合发展。央视国际旗下的 CNTV（中国网络电视台）获得了国内的第一张"互联网电视牌照"。广电总局科技司也正式下发了关于成立中国下一代广播电视网（NGB）工作组的通知。上海也全面启动了广播电视有线网络的整合工作。

日趋融合的态势以及结构上的重大改变，使我国传媒业的发展有了与以往不同的形势，这对监管体制的改革也提出了新的要求，如原有的分业监管体制显然已经不足以应付实际混业存在的传媒公司集团等。

（二）传媒集团化发展日渐普遍，但规模与竞争力还有待提高

我国的传媒集团大多是用行政手段将原有的传媒组织捆绑在一起的，其分类也主要是以传统传媒形态划分的，包括报业集团、出版集团、发行集团、广播电视集团和电影集团五大类。由于中国传媒集团的特殊属性，大多是在事业单位的基础上改制为事业性质、企业化管理的单位，使其成为"准公益性"的单位，兼有公共文化服务与产业经营的双重社会职能。不同于西方发达国家传媒集团通过市场经济行为而组合在一起，因此，中国的传媒集团无法产生高效率的集团化效应，同时因其本身性质的难以界定，尤其在经营过程中，存在着一系列的问题：如传媒集团的产权与委托人残缺；政府行政性垄断、缺乏市场运作机制；传媒集团受条块分割的业务、监管的影响，看似数量多，实则实力弱，构成单一、产品单薄，缺乏竞争力；传媒集团的治理模式存在缺陷，缺乏大规模资本运作的能力。

鉴于我国传媒集团存在的诸多问题，为了提高其实力与竞争力，必须要考虑构建良好的政策体制环境，在制度保障与体制建设上需要更科学合理的引导、监管机制来促进发展。

---

① 崔保国等. 2011 年中国传媒产业发展报告［M］. 北京：社会科学文献出版社，2011.

（三）政策壁垒的逐渐松动，使传媒资本市场发展势头强劲，但资本运营仍未成熟

1992年“＊ST传媒”的上市，是中国传媒产业第一次进入资本市场的标志。此后，一批批的传媒公司进入资本市场配置资源。目前，“中国资本市场传媒产业发展环境逐步优化，平面媒体政策相对宽松，广电媒体市场准入大门渐启，市场拓新先机显现，传媒投融资市场总体呈现良好的发展势头”[①]。在国内上市的互联网公司主要有乐视网、人民网和中文在线三家，其中中文在线为新上市公司。这三家公司发展势头良好，2014年财年乐视网的营业收入较上一年增长了188.98%，重新成为创业板第一大市值公司，市值高达756.90亿元；互联网公司百视通的市值超过500亿元，达到537.95亿元；人民网的市值也超过300亿元，其2014年第三季度的营业收入为10.02亿元，同比增长52.52%，净利润为1.80亿元。[②] 在国外资本市场，2004年，北青传媒的上市具有里程碑意义，因为它是首家在中国内地之外市场上市的国有媒体公司。这预示着，我国媒体公司不但可以通过直接融资壮大的自己的力量，更重要的是通过资本市场走出了一条我国传媒业迈向海外的发展之路。2014年，在海外上市的传媒业上市公司主要有14家，总市值为5 027.18亿美元，其中最高的为阿里巴巴，高达2 141.09亿美元；总销售收入为2 556.80亿元；总净利润为730.14亿元；广告收入之和为1 207.14亿元。[③]

近年来，我国传媒资本市场发展势头强劲，收获颇丰，行业利好消息频现，这些都与政策推动有着密切的关系。例如，2010年4月，中央宣传部、中国人民银行、财政部、文化部、新闻出版总署、广电总局等九部委联合发发布了《关于金融支持文化产业振兴和发展繁荣的指导意见》，其中明确要求：“第一，金融机构要根据文化企业的不同特点，积极开发适合文化产业特点的信贷产品，加大有效的信贷投放，建立符合监管要求的灵活的差别化定价机制；第二，推动符合条件的文化企业上市融资；第三，鼓励多元资金支持文化产业发展。”

---

① 崔保国，等．2011年中国传媒产业发展报告［M］．北京：社会科学文献出版社，2011：309—315．

② 郭全中，郭锐，郭凤娟.2014年传媒业上市公司发展报告[J]．青年记者，2015(19)：56—59．

③ 郭全中，郭锐，郭凤娟.2014年传媒业上市公司发展报告[J]．青年记者，2015(19)：56—59．

凭借政策上的松动，我国传媒业在资本市场上取得了史无前例的发展，然而在资本运营方面，我国传媒业还存在许多问题。按行政区划多头管理、条块分割的体制，让传媒业的资本运营道路有诸多障碍。这种市场分割的状况造成大量的资源浪费和重复建设，优化资本、改善资产状况已经成了我国传媒业求得良性发展刻不容缓的手段。此外，政策模糊、产权不清、政企不分等问题的存在都是阻碍传媒产业资本运营的绊脚石。体制改革，构建良好的制度环境是我国传媒业要真正做大做强所必须重视的环节。

三、本研究中的概念界定

（一）传媒业

我们所说的传媒，普遍即指大众传播媒介，包括图书、报纸、杂志、音像制品、广播、电视、电影以及近年来突飞猛进发展的移动媒体、互联网等。作为社会信息的传播媒介，传媒业包括信息生产、加工、传播等领域，具有典型的信息服务业的特征；同时，传媒业的核心——信息内容，有强烈的文化、意识形态的特性，故其毫无疑问地属于文化产业的范畴，有着比较明显的交叉性。

在中国，传媒产业的发展环境正在逐步优化，科技含量不断提高，平面媒体的政策相对宽松、广电媒体大门渐启，传媒业已显现出强劲的产业化发展趋势，传媒产业发展已初具规模，其作为国民经济新增长点的战略意义越来越受到重视。

（二）境外资本

境外资本（Offshore Capital）是近几十年新出现的一个比较模糊的经济学概念，后来逐渐被引入到法学等其他相关学科的领域。就目前我国有关法律、法规以及相关规范性文件来看，对境外资本的概念界定并不完全相同，对于境外资本①的定义，理论界也一直存在多种不同观点。例如，有的将境外资本理解为外国投资者，有的将境外资本理解为外国资本，有的仅指国外的资金。

中国国家统计局定义“外资是指我国各级政府部门、企业和其他经济组织通

① 本书所使用“外资”，如果没有经过特殊说明，均为“境外资本”的简称。

过对外借款、吸收外商直接投资以及用其他方式筹措的境外现汇、设备、技术等。"可见，境外资本并不等同涵盖境外货币的形式。在本研究中，外资被理解为外国的资金、人才、技术、管理经验等的综合体。[①] 实际上，我国吸收外资，无论是过去、现在还是未来，都不单纯指货币形态的资金，如在我国数据统计中，吸收的外资中就包括进口的机械设备统计。而外商投资带来的先进技术、引入的人才、管理尤其是经营理念、营销网络等都附着于投资，显然这些与外资的引进无法剥离。因此，无论作为经济学的基本概念，还是从我国引进外资的实际情况来看，外资都是一个综合体，既包括资金、设备、技术、原材料，也应该包括人才、管理、经营理念、营销网络甚至市场经济的意识与规则，其中资金不过是最基本的载体以及终极体现。鉴于传媒产业的特有属性，本研究对于境外资本的界定将采用"产业资本"（Industrial Capital）[②]的概念。所谓产业资本是指在资本的循环运动中，依次采取货币资本、生产资本和商品资本形式，接着又离开这些形式，并在每一种形式中完成着相应职能的资本。产业资本包括了"货币资本"、"生产资本"和"商品资本"三种形式，亦即产业资本在资本循环中依次采取的三种形式，它们在产业资本运动中执行不同的经济职能。在此理论框架下，本研究关于"境外资本"的确切表述应该为"来自境外的产业资本"，它应该包括但不限于来自境外的公开或私募资金、人力资源、技术服务、传媒商品等；同时资本的所有及控制主体也不限于传媒业内或传媒业外。

依官方定义及归纳，当前入境资本主要有以下三种形式：

第一，外商直接投资。外国企业和经济组织或个人（包括华侨、港澳台胞以及我国在境外注册的企业）按我国有关政策、法规，用现汇、实物、技术等在我国境内开办外商独资企业、与我国境内的企业或经济组织共同举办中外合资经营企业、合作经营企业或合作开发资源的投资（包括外商投资收益的再投资），以及经政府有关部门批准的在项目投资总额内企业从境外借入的资金。

第二，对外借款。通过对外正式签订借款协议，从境外筹措的资金，包括外

---

① 孙效敏. 外资并购境内企业监管研究[M]. 北京：北京大学出版社，2010：18—19.

② 在资本的循环运动中，依次采取货币资本、生产资本和商品资本形式，接着又离开这些形式，并在每一种形式中完成相应职能的资本，就是产业资本。

国政府贷款、国际金融组织贷款、外国银行商业贷款、出口信贷以及对外发行债券等。

第三,外商其他投资。除对外借款和外商直接投资以外的其他利用外资的形式。包括企业在境内外股票市场公开发行的以外币计价的股票发行价总额,国际租赁进口设备的应付款,补偿贸易中外商提供的进口设备、技术、物料的价款,加工装配贸易中外商提供的进口设备、物料的价款。[①]

(三) 市场进入模式

"海外市场进入模式(Modes of Market Entry)系指将企业厂商的产品、科技、技术、管理或其他资源移进国外的机构性(或称制度性)安排。"[②]进入模式的选择不仅会反映出企业内在经营动机及其发展历程,也将对日后的经营管理与营运绩效产生重大影响,因而市场进入模式的选择不仅仅是企业在海外投资运营时需要做出的重大决策,同时也为产业经济发展研究提供了素材与途径。

基于针对不同角度与价值取向,国内外众多学者对市场进入模式做出了诸多划分形式,管理学大师菲利普·科特勒(Philip Kotler)将企业参与海外市场的过程(即国际营销的主要决策)分成几个步骤:首先决定是否进入海外市场,接着决定进入哪些市场,然后决定如何进入市场,再来是决定营销方案,最后则是决定营销组织。在此基础之上,考虑到股权与经营形态而将市场进入模式分成五类:"间接出口(indirect exporting)、直接出口(direct exporting)、授权(licensing)、合资(joint ventures)、直接投资(direct investment)等。"[③]而根据中国国务院于1986年10月颁布的《关于鼓励外商投资的规定》,中国将外来直接投资企业分为中外合资经营企业、外资企业、中外合作经营企业等三类,即一般通称的"三资企业"。

在综合各方见地的前提下,本书将境外资本进入中国传媒产业的模式,依照市场的经营形态以及投资主体(或资本运营主体)之于投资、运营、回报的控制程

---

① 何建民.外资进入中国旅游业的现状、趋向及对策研究[M].上海:上海财经大学出版社,2010:46.

② 陈炳宏.台湾媒体企业之中国大陆市场进入模式及其决策影响因素研究[J].新闻学研究,2006(10):37—38.

③ [美]Kotler.营销管理学——分析、计划、执行与控制(第三版)[M].方世荣,译.台北:东华书局,1998:465.

度的不同归纳为三大模式：

第一，出口模式（export entry modes），包括直接出口、间接出口，境外机构在中国境内成立分公司或代表处等；

第二，契约模式（contractual entry modes），包括商业授权、经销特许、技术合作、服务契约、管理契约、技术转移、制造契约、共同产制协订等；

第三，投资模式（investment entry modes），包括在中国境内新设独资公司、收购（中国公司）独资、（与中国企业或个人）合资等。

（四）监管

清楚地界定"监管"的内涵与外延，是科学地构建传媒业外资监管模式的基础。而"监管是一个难以捉摸的概念：由于该词具有多种含义，因而对其众说纷纭。"[①]无论是对监管研究较为成熟的英文文献，还是对监管研究刚刚起步的中国学者，关于监管的定义都是不统一的。

"监管"一词源自英文 regulation，而国内对 regulation 的主要译法还有其他两种："管制"和"规制"。[②] 根据《现代汉语规范词典》的解释，"管制"指强制性管理，含有较强的管理、强制的含义，更有传统计划经济下政府全面管制的意味，显然目前此译法已不合时宜。"规制"有三层含义：规范制约、规则制度和（建筑物的）规模形制，含有基于事物原有的框架结构或运行规律，为保证其正常运转，根据一定的规则进行约束、规范或调整之意。此意与"监管"其实最为接近，但因"规制"这一词语与大众来讲相对生疏，属于后来译词。且有学者认为，"规制"一词偏向强调规范制度层面。至于"监管"指监督或监视管理，含有保持一定距离（arm's length relationship），为保证实物正常运行而进行监督和控制之意，较之"管制"更为柔和，也能贴合"regulation"的原意。[③] 此外，由于我国官方和大众已对"监管"的用法比较熟悉，官方文件如政府报告、新建的监管机构均用了"监管"的译法，故本研究也采用了此译法，文中如无特别说明，"监管"、"管制"、"规制"这三个概念是在同一层面上使用的。

---

① ［英］卡罗尔·哈洛，理查德·罗林斯. 法律与行政［M］. 杨伟东，等，译. 北京：商务印书馆，2004：556.

② 马英娟. 政府监管机构研究［M］. 北京：北京大学出版社，2007：19.

③ 马英娟. 政府监管机构研究［M］. 北京：北京大学出版社，2007：19.

在专业领域中，“监管”是属于经济学、政治学、法学等领域的专业性词汇，有其特定的内涵，有广义、狭义、最狭义的监管之分。[①] 根据笔者对相关文献的阅读，并结合我国国情与媒体产业的实际发展，认为本书中的“监管”，应该主要包括以下两个方面的意义：监管目的：“监管不限于命令—控制，也不反对市场，相反，监管经常是基于建立和维护市场的需要。”[②]即监管与经济活动有关，但与市场的存在不矛盾，因为监管可以形成、组织、维护或支持市场。监管范围：“公的规制，是指在以市场机制为基础的经济体制条件下，以矫正、改善市场机制内在的问题为目的，政府干预和干涉经济主体（特别是对企业）活动的行为。”[③]根据此理论应涵盖整个经济活动领域，包括对宏观经济层面的市场失灵的矫正，即相关的法律以及以法律为基础制定的公共政策，也包括对微观经济层面的市场失灵的处理。

四、我国传媒业外资准入的历程梳理

（一）明令禁止外资进入的时期

我国传媒业经历过一个长期严禁境外资本介入，甚至是业外资本都不可进入的时期。1990 年国务院发布的《外资企业法实施细则》将新闻、出版、广播、电视、电影列为禁止设立外资企业的行业。1991 年，经国务院批准，新闻出版署发布通知申明新闻出版行业禁止设立外资企业，原则上不搞在华中外合资、中外合作企业，也不能与港澳台建立合资、合作企业。1994 年，新闻出版署再次发布《关于禁止在我境内与外资合办报纸期刊出版社的通知》重申原则上禁止创办中外合资的报纸、期刊和出版社等传媒机构，同时也适用于与港澳台地区的合资。[④]《广播电视管理条例》则明确规定禁止设立外资经营的广播电台、电视台，中外合资经营和中外合作经营也属禁止访问。关于境外出版物、电视节目、电视

① 马英娟．监管的语义辨析[J]．法学杂志，2005(5)：111．

② [英]Laura Macgregor，Tony Prosser，Charlotte Villiers. Regulation and Market beyond 2000 [M]. UK：Ashgate Dartmouth ，2000：348－349．

③ [日]植草益．微观规制经济学[M]．朱绍文，胡欣欣，等，译．北京：中国发展出版社，1992：19－ 20．

④ 魏永征．中国传媒业利用业外资本合法性研究[J]．新闻与传播研究，2001(2)：2－11．

剧的进口、境外电视在大陆的传播传输也都有严格限制。我国媒体在 20 世纪 90 年代一直属于事业单位，由主办机构管理，这使得许多以收购刊号进入传媒市场的资本实际处于灰色地带。为此，1999 年，国务院机关事务管理局、财政部、新闻出版署就《精品购物指南》和《中国经营报》的产权纠纷做出了明确界定，并再次明确报刊不允许集体或个人投资。如果在报刊创办时，个人或集体有自筹启动资金的，"也不能认定为对该报刊的投资，应按债权债务关系处理，由主办单位参照银行同期贷款利率予以退还。"2001 年，中共中央办公厅下发了 17 号文件，在传媒经营方面作了明确的规定——国有资本可以参与媒体经营。随后，《中央宣传部、新闻出版总署关于进一步加强和改进出版工作的若干意见》被转发，再次强调"要开辟安全有效的融资渠道，提高资本运作效率"，这为传媒单位的资本运营在政策上打开了一道门缝。但对私人资本与境外资本依然毫无松动。

（二）严格限制外资进入的时期

入世后，我国对外资进入中国传媒业的规制进行了一系列调整：首先，明确界定了传媒业的开放领域；其次，进一步严格行业准入制度，对外资主体资质、外资进入规模、进入速度、进入结构、产权比重、传播内容标准等都做了严格限定；再次，关于传媒产品进口，实行指定制。①

根据中国加入世界贸易组织的承诺，文化部、广电总局、新闻出版署等部门相继出台了中办发〔2001〕17 号文件、《外商投资产业指导目录》、《关于文化领域引进外资的若干意见》、《外资投资图书、报纸、期刊分销企业管理办法》、《外资投资电影院暂行规定》、《电影制片、发行、放映经营资格准入暂行规定》、《中外合作摄制电影片管理规定》、《境外卫星电视频道落地管理办法》、《中外合作制作电视剧管理规定》、《境外机构设立驻华广播电视办事机构管理规》、《境外电视节目引进、播出管理规定》等政策文件，对入华外资有严格的要求和规定。《境外卫星电视频道落地管理办法》第五条规定，申请落地的境外卫星频道应具备的条件之一就是：申请落地的频道及其直接相关机构对中国友好，与中国有长期友好的广播

① 姚德权，赵文英．传媒业外资准入收缩与发展：规制视角[J]．财经理论与实践，2006，27(144)：96—100．

电视交流和合作。一般来讲，在准入的外资传媒上，中国政府的政策偏向于实力雄厚、与中国政府关系友好的外资传媒。已经入华的维亚康姆、时代华纳、新闻集团、贝塔斯曼无一不是世界排名靠前，与中国政府关系密切的跨国传媒集团。

2003年底，国家广播电影电视总局发布《关于促进中国广播影视业发展的意见》，提出了对外资投资中国电视媒体的原则性指导意见，允许外资参与国内电视节目制作。

2004年11月，国家广播电影电视总局和商务部联合发布《中外合资、合作广播电视节目制作经营企业管理暂行规定》(44号令)，对外资进入中国广播电视节目制作领域做了具体规定，允许外资入股国内广播电视制作产业，放开了外国资本的进入或者以节目方式的进入。正式在法规上明确了外资可以与国内广播电视单位(国有、民营)组建广播影视节目制作公司。节目制作公司的外资可占49%，中方必须绝对控股，法人由中方来担任。《暂行规定》是对《意见》中关于外商投资部分的具体化，使之更具有操作性。2004年底国家发布的《外商投资产业指导目录》中，首次将影视节目制作列为对外开放领域。44号令的实施，标志着我国放宽了对境外资本进入国内广播电视制作产业的限制，“开启了中外在节目制作领域资本合作的时代”①。等候已久的各家外资传媒迅速行动起来。贝塔斯曼于2003年底首家夺得书报刊零售全国连锁牌照，并于第二年与国内出版集团合资成立了图书发行有限公司，是我国第一个取得图书批发“资格”的外资传媒；路透社、彭博社、道琼斯等大通讯社及一些大的图片社都以各种方式在中国发展用户；2004年10月，中影集团与华纳影视公司、横店集团合资成立中国首家中外合资影业公司——华纳横店影视公司，这也是中国首家中外合资电影娱乐公司。一个多月后，索尼影视国际电视公司和中影集团也宣布，成立华索影视数字制作有限公司。全球最大的传媒娱乐集团维亚康姆则早在2004年4月份就已经与上海文广传媒集团签署协议，合资组建了一家电视节目制作公司。新闻集团等虽未最终敲定合资对象，但也磨刀霍霍。

2005年2月，国家广电总局向各省、自治区、直辖市广播影视局(厅)发出《关于实施〈中外合资、合作广播电视节目制作经营企业管理暂行规定〉有关事宜

① 张咏华，潘华，刘佳．境外媒体进入上海的现状与挑战[J]．新闻记者，2005(6)：3—7．

的通知》补充规定：每家外资传媒公司只能在中国建立一家合资公司，再次明确把“频道经营”划为外资企业进入中国的“禁区”，外资机构不能选择国内的电视节目播出机构作为合作方，不能参与境内电台、电视台的经营业务，并严禁外资机构假借合作引进境外频道和节目。4月，中宣部等六部门联合发出《关于加强文化产品进口管理的办法》。同年7月，文化部等五部委联合发出《关于文化领域引进外资的若干意见》，为“进一步规范文化领域引进外资的工作，提高利用外资的质量和水平，维护国家文化安全，促进文化产业健康有序发展，《意见》对相关工作提出了明确的‘允许’和‘禁止’事项”[①]：在中方控股51%以上或中方占有主导地位的条件下，允许外商以合资、合作的方式设立出版物印刷和只读类光盘复制等企业，允许外商以合作且中方占有主导地位的方式设立除电影之外的音像制品分销企业；在中方控股51%以上或中方占有主导地位的条件下，允许外商以合资、合作的方式设立和经营演出场所、电影院、演出经纪机构、电影技术等企业，参与国有书报刊音像制品发行企业股份制改造；禁止外商投资设立和经营新闻机构、广播电台(站)、电视台(站)、广播电视传输覆盖网、广播电视节目制作及播放公司、电影制作公司、互联网文化经营机构和互联网上网服务营业场所(港澳除外)、文艺表演团体、电影进口和发行及录像放映公司；禁止外商投资从事书报刊的出版、总发行和进口业务，音像制品和电子出版物的出版、制作、总发行和进口业务，以及利用信息网络开展视听节目服务、新闻网站和互联网出版等业务；外商不得通过出版物分销、印刷、广告、文化设施改造等经营活动，变相进入频道、频率、版面、编辑和出版等宣传业务领域。《意见》还对引进外资的审批、投资方的资质提出明确要求，并强调要按照我国加入世贸组织承诺做好引进外资工作；要建立健全市场退出机制，从严发放许可证，认真执行年度审核制度；各级文化、广播电影电视、新闻出版行政部门要大力推进综合执法，加大对违法违规行为的打击力度。业内人士普遍认为，广电总局此举除了是对“44号令”细化外，主要是为了防止外资传媒公司进入中国速度“过快”。同时，这种欲放又止的新举措也表明中国影视制作领域的对外开放仍然在小心探步阶段。2005年新

① 新华网.5部委制定《关于文化领域引进外资的若干意见》[J/OL]. http://news.xinhuanet.com/newscenter/2005－08/04/content_3309000.htm.

出台的一系列传媒外资规范性政策与措施，使已经在中国建立了合资公司或正有意成立合资公司的外资传媒不得不重新审视这一领域的投资风险。这意味着，在中国已建立合资公司的索尼、维亚康姆等外资传媒巨头将不可能在短期内再度扩张它们在中国的影视制作业务，而新闻集团等正筹划合资的外资传媒公司也不得不重新考虑其在华的合资计划。

2006 年 1 月，中共中央国务院发出深化文化体制改革若干意见要求，推进文化体制改革，要坚持马克思主义在意识形态领域的指导地位，确保国家文化安全。要根据现有文化单位的性质和功能，区别对待、分类指导、循序渐进、逐步推开。

2009 年 2 月 6 日，国家广播电影电视总局以“不适应当前广播影视发展要求”为由，颁布了《关于废止〈中外合资、合作广播电视节目制作经营企业管理暂行规定〉的决定》(以下简称“59 号令”)，这项决定的发布貌似“令在中国影视领域寻找投资机会的外国投资者突然失去了方向”。然而，2009 年 7 月 16 日，国家广电总局向各地广电局下发文件《广电总局关于推进广播电视“制播分离”改革(修改稿)》，到 8 月 19 日，总局正式批复了上海广播电视制播分离改革方案，有关舆论一致表现出欢呼雀跃的态度，同行相互间讨论最多的也是制播分离。在修改稿中，对外资的表述异常暧昧。文中表示，与境外资本或有外资背景的企业合作制作节目，要严格按照国家相关规定执行。可是，“44 号令”已经被废止，这意味着外资入股中国国内广播电视节目制作机构唯一“禁令”也不复存在。

《互联网视听节目服务管理规定》(由广电总局和信息产业部于 2007 年 12 月 27 日联合发布，2008 年 1 月 31 日起施行)规定国务院广播电影电视主管部门作为互联网视听节目服务的行业主管部门，国务院信息产业主管部门实施相应的监督管理；鼓励国有战略投资者投资互联网视频节目服务企业；要求申办互联网视听节目服务的单位必须是国有独资或国有控股，对之前已经开展视听新媒体服务的网站采取灵活措施。

2010 年 5 月 10 日发布的《广电总局关于开办网络广播电视台有关问题的通知》中，网络广播电视台的属性给出明确的界定：既有意识形态属性，也有产业属性。在坚持社会效益、确保广播电视机构绝对控股的前提下，可以通过多种渠道拓展资金来源，吸纳国有资本组建股份制公司负责网络广播电视台的日常运营。

《关于外国投资者并购境内企业的规定》(商务部、国务院国有资产监督管理委员会、税务总局、工商行政管理总局、证监会于 2006 年 8 月 8 日公布,2006 年 9 月 8 日实施,简称 10 号令)是一份对在线视频企业融资有重大关系的文件。这份文件规定:境内公司在境外设立特殊目的公司,须经商务部审核;外国投资者关联并购境内企业的,须经商务部审批(关联并购);中国企业直接、间接境外上市,须经证监会国际部审批;募集资金汇往境内,须经外汇管理机关核准。

2011 年初,国务院发布《关于建立外国投资者并购境内企业安全审查制度的通知》(国办办〔2011〕6 号),规定“外国投资者并购境内关系国家安全的重要农产品、重要能源和资源、重要基础设施、重要运输服务、关键技术、重大装备制造等企业,且实际控制权可能被外国投资者取得”的,应由投资者向商务部提出进行并购安全审查的申请。作为对这份文件的回应,2011 年 9 月 1 号,《商务部实施外国投资者并购境内企业安全审查制度的规定》(商务部公告,2011 年第 53 号)开始实施,其中规定:对于外国投资者并购境内企业,应从交易的实质内容和实质影响来判断并购交易是否属于并购安全审查的范围;外国投资者不得以任何方式实质规避并购安全审查,包括但不限于代持、信托、多层次再投资、租赁、贷款、协议控制、境外交易等方式。”

五、我国传媒业外资进入的现状分析

(一) 外资进入的总体态势

拥有高回报率的传媒市场早已是资本追逐的热点,随着中国传媒业近年来实力的增强、体制改革的深入、开放程度的提高,境外资本进入中国传媒业已是不置可否的事实。

2010 年 1 月,世贸组织裁定中国限制美国的音乐、电影和书籍进口,违反了世贸规定,要求中国准许外国的电影、音乐和出版物直接进入中国市场。当年 7 月,中国同意遵循世界贸易组织 WTO 的裁决,于 2011 年 3 月 19 日以前对美进一步开放娱乐产品市场。承诺履行 WTO 裁决意味着中国必须对美国电影、音像制品和图书产品的进口政策做出调整。在 WTO 的判决中,允许中国保留两家国有电影发行公司的进口权，并保护了中国政府对外国电影进行一定程度审查的权利，中方也无须提高每年引进 20 部外国电影的限额。但是，中国将不得不允许美国及其他外国企业向中国引进电影、音乐、电游和图书，并准许美中合资企业在互联网上分销音乐。外资进入中国传媒业的欲念与事实窥见一斑。

自 1980 年美国出版商国际数据集团（IDG）率先进入中国传媒市场，与中国方面合作出版《计算机世界》，除了国际传媒集团就已经进入中国专业技术期刊市场，中国的出版业、广告业、广播电视、互联网信息以及音像制品等领域外资也有进入，中国传媒业相当一部分领域早已被外资传媒所染指。

到了 21 世纪，经济全球化、文化全球化的浪潮愈演愈烈，欧美等西方国家经历了传媒业的资本融合与兼并浪潮，国际传媒集团资本高度集中，占据绝对的传媒资源优势。传媒领域以高度发达的市场化、商业化运作机制为基础，以完善的法律规制体系为保障，产业迅速发展并达到市场饱和。在国内市场饱和的情况下国外传媒巨头看到了中国等发展中国家潜藏着的巨大发展潜力，利益最大化的目的使外资传媒巨头纷纷把目光瞄准了中国的传媒市场。随着中国改革开放的加速与深化，外国传媒集团纷纷进入中国市场，这种进入可以说是全方位的，涉及几乎所有的传媒领域：包括电影、电视、广播、报刊、图书、网络等。中国加入 WTO 后，外资媒体更是加快了进入的步伐。2002 年，我国履行对 WTO 的承诺，已批准少数外资媒体进入北京、上海等 6 个城市以及 5 个经济特区的书报刊零售市场。2004 年以来，经国家广电总局批准的有限落地的境外卫星电视频道达 33 家，美国 IDG 集团、澳大利亚新闻集团、法国桦榭菲力柏契出版集团、费加罗报刊集团等相继进入传媒市场，香港 TOM.COM 也将自己的经营重心转移到了以内地为基础的媒体领域。据统计，从中国加入世贸组织至 2005 年，已有 60 多家外资媒体在国内设立了办事机构，并拟申请投资设立书报刊分销企业；在 2004 年全国超过 1 200 亿元的广告营业额中，超过 1/5 的市场份额被不到 20 家的国际知名外资大广告公司包揽，外资成为中国出版业的重要组成部分。[①]

近年，在新闻出版领域，外资的各种进入与渗透已是不争的事实。在广电领域，2005 年之后，外资并未中断与国内传媒机构的接触，其中多数均为影视内容

① 朱金凤. 中国传媒业外资准入规制研究[D]. 长沙：湖南大学，2008.

的合拍合作，部分外资则以广告经营代理的方式变相获得个别电视台的内容经营合作，其处理方式异常谨慎。然而制播分离的改革，传媒产业化发展的大势所趋，已然为外资染指国内传媒业打开了一扇窗。

（二）外资进入的主要方式

1. 贸易进入模式

从国际化的演化过程来看，贸易进入模式往往是企业国际化的初级形式，境外传媒企业往往为了避免巨大政策壁垒和文化差异，从而采取贸易进入模式。由表 1-1 可以看出，2003 年境外传媒产品贸易输入规模为 13 亿美元，2012 年增长为 84 亿美元，增长 5 倍多。

表 1-1 境外传媒产品贸易输入规模年度变化情况

单位：百万美元

年份	视听产品	新媒体	出版物	音乐产品	合计
2003	639.17	272.42	383.00	29.08	1 323.67
2004	885.81	225.95	340.18	38.33	1 490.27
2005	1 053.21	61.62	416.71	46.60	1 578.13
2006	1 023.34	224.04	432.01	43.47	1 722.86
2007	2 942.18	3 239.92	493.88	62.08	6 738.05
2008	2 928.87	3 048.66	536.39	80.80	6 594.71
2009	2 818.65	2 465.10	782.41	88.10	6 154.26
2010	3 471.55	2 841.21	967.82	109.28	7 389.87
2011	3 920.88	3 394.24	1 006.20	141.95	8 463.26
2012	3 926.72	3 239.83	1 074.61	162.74	8 403.90

资料来源：UNCTAD 创意经济数据库、UN Comtrade

2. 契约进入模式

1）版权交易进入

目前外资媒体与国内电视台合作，经营方式主要有两种：收取版权费和换取广告时间。省级以上的电视台付版权费的方式居多，而地方电视台和有线台大都以广告时间来交换。

维亚康姆在2000年初正式兼并CBS(哥伦比亚广播公司)后,已经成为全球规模最大、最具影响力的娱乐传媒业领导者。早在1995年,维亚康姆通过旗下的MTV全球网就通过与中国开展节目交换的形式进入中国,目前与一些地方电视台合作开办了四档节目,每周播出时间为16个小时,超过38家电视台播放,观众达到4 000万。

2) 品牌合作进入

品牌合作是许可经营的商务模式,不涉及任何资本与股权交易,美国迪士尼公司与中国海虹控股合作的方式,就属于这种模式。

2001年3月5日,美国迪士尼互联网集团与海虹控股(深交所000503)签定了正式合作协议,共同开发中国互联网市场。根据协议,海虹将独家经营迪士尼中文网站(Disney. com.cn)及迪士尼网上收费频道BLAST的内容。迪士尼中文网站将涵盖迪士尼英文网站的全部精华,包括娱乐、游戏、游乐、家庭和度假等频道;DISNEY BLAST收费频道除原有内容外,还将增加由双方合作共同开发的网上英语教学内容。迪士尼互联网集团同时授权海虹在中国境内独家经营迪士尼中文网站及迪士尼收费频道的所有网上广告业务。目前的合作形式是海虹出钱,迪士尼出品牌和技术,双方实际上一买一卖的关系,是一种策略联盟。

3. 直接投资模式

由于政策环境的原因,目前外资传媒直接投资进入中国市场的方式,基本上选择了"外围渗透,逐步推进"的迂回策略。所谓"外围",主要是指意识形态性较弱,与舆论导向性关联度低的领域,也可以理解为"中性"领域,如广告经营、科技类、生活娱乐消费类、体育类等专业性较强的期刊参与创办等业务。

1) 参股进入

境外传媒公司通过资本运作,以参股的方式迂回进入中国市场,如默多克的新闻集团、美国在线等。

新闻集团以参股的方式大力开拓中国内地市场。在电信领域,中国六大电信运营商之一的中国网通集团在大力引入外资时,有关人士透露新闻集团入股6 000万美元,成为最大的两名外资股东之一,占股权的3%。在电视领域,新闻集团的全资子公司STAR TV和控股的[V]音乐台(87.5%)、ESPN(50%)、国家地理频道(66.7%)和持股的凤凰卫视(38.25%)以香港作为基地,与大陆30多个省市有线电视台合作编播音乐、体育和人文地理节目。在互联网领域,新闻集团还持有网易10%的股份与人人网10.2%的股份。

美国在线(AOL)与时代华纳也有进军大陆市场的举动。AOL与FM365的合作,并不是要采取收购、兼并的老套路,而是以投资方式进入。与此同时,AOL还与中国银行机构及电子支付解决方案供应商首信集团进行接触。AOL种种举措绝不是简单的投资。通过商业性的合作,时代华纳逐步谙熟了中国传统媒体的习惯语言,并构建起自己的关系网络。其董事长李文早在上海财富论坛上就曾说:"我们现在要让更多的中国人看到我们的《时代周刊》、《财富》和CNN及其他新闻报道。我计划让我们的记者与管理人员走遍全中国,因为终有一天我们会进入中国市场。"

在2005年文化体制改革全面推开,而文化体制改革的一项重要内容就是改革文化产业的投融资途径。外资可以通过购买在境外上市的中国媒体企业的股票,达到间接投资中国媒体的途径,比如2004年底在香港上市的北京青年报下属的北青传媒,就吸引了众多境外投资者的兴趣;此外,外资也可以通过QFII的方式投资在国内上市的传媒企业。目前属于广电概念的山东视网联已经在筹备在国内A股上市。

2) 兼并收购(全面控制)进入

典型的是香港的TOM。这是由李嘉诚集团投资组建的一家集网站、平面媒体、电视媒体、广告等为一体的多元门户网。TOM自进入中国大陆市场以来,凭借自身强大实力,采取了一连串闪电般的收购行动,先后收购了鲨威体坛、羊城报业、美亚在线、风驰广告、《亚洲周刊》及中国最大的电子邮局——163. net。

TOM对国内传媒市场虎视眈眈。其业务目前主要集中在跨媒体广告业务。它和一些占领导地位、经济收入很好的报纸杂志、电视节目、户外媒体等传统媒体进行合作,搭建一个跨媒体的平台,广告客户要打广告,可以获得从电视、报纸到互联网等一揽子计划。同时,还提供一些内容服务,如电视方面的"中国体育报道",网络新闻方面的美亚在线。由于诸种限制,TOM目前还不能进入国内新闻传媒市场，但 TOM 作为内容提供商（ICP），不可能仅仅满足于做广告平台和“载体”。业内人士分析，TOM 已悄悄为将来进入国内传媒市场做准备，一旦政策松动，它将是最早抓住机会的财团之一。

3）投资控股进入

外商通过投资控股，与合作伙伴（中国的或外国的）成立出版公司等形式投资媒体。这种进入方式主要集中在专业媒体。以最早进入专业媒体的美国出版商国际数据集团（IDG）为例。1980 年，IDG 获得中国政府的批准，建立了第一家合资的出版公司，出版《计算机世界》。目前，国内知名的 IT 专业媒体如《IT 经理世界》、《网络世界》、《微电脑世界》，几乎都带有 IDG 血统。2000 年 IDG 集团与赫斯特公司合作在中国出版了两份消费型杂志。2001 年 3 月初，IDG 集团又出版了《工业标准》杂志的中文版，取名为《数字财富》。5 月，IDG 与美国“黄金媒体”公司联手推出一份婚庆事务方面的杂志；6 月，与美国赫斯特公司合作出版《好管家》杂志的中文版。两份杂志都将采取 IDG 在华所办杂志的惯例，即一半内容译自其美国版本，另一半内容则由当地人员编辑完成。

4）合资

合资公司是目前外资进入中国电视市场最多的一种形式，也是外资在中国电视内容领域所能介入的最深的一种方式。除了传统电视节目制作外，由于 2004 年以来国家对动画产业的政策扶持以及各地卡通频道、少儿频道陆续开播，2005 年专门制作动画节目的合资节目制作公司是一大热点。

5）直接进入（新建）

根据中国入世的相关承诺及中国的传媒政策规定，外资可以独资组建广告公司、印刷企业等。另外，虽然目前仍不允许外资直接参与数字付费频道的运营，但外商会通过独资的数字电视设备制造公司、数字电视工程技术公司等方式参与数字平台的建设，外资可以以数字媒体管理咨询公司的方式，以向国内数字付费频道运营商提供管理咨询的形式，变相参与数字付费频道的经营。我国的传播业现在还没有完全开放。以卫星电视为例，境外卫视若要在大陆落地，必须通过中国新闻出版广电总局的审批，以取得在内地的播映权。由于受政策限制，目前已进入内地的有香港的无线、亚视、凤凰卫视和阳光卫视等。如香港的阳光卫视主题频道，2000 年 10 月取得了大陆落地权。阳光文化集团已在香港、上海、北京耗巨资建立了三个制作中心。阳光卫视频道已覆盖到各地的三星级酒店和涉外小区。此外还有根据对等原则向外资媒体开放的，如我国的 CCTV 第 4 套节目通过美国在线—时代华纳公司上了美国的卫星频道，于是开放珠江三角洲的天空，允许他们的卫星非新闻类中文文艺节目落地。今后这类卫星节目可能会更多地进入，对我国电视的冲击会逐渐明显。

（三）境外资本进入的总体趋势分析

1. 境外资本进入规模将逐年递增

无论是贸易进入、契约进入还是直接投资进入，在 10 年间均保持逐年递增趋势，境外传媒产品贸易 2003 年输入规模为 1.3 亿美元，2012 年增长为 8.4 亿美元，增长 5 倍多；版税和许可费服务入境规模在 10 年间高速发展，10 年间增长了 4 倍，平均年增长速度 44.47%；同样境外资本并购中国传媒企业的交易市值在不断增加，2014 年完成 39.95 亿美元的并购交易，增长速度较快。基于中国日益开放的市场环境，可以预测境外资本进入规模将逐年递增。

2. 境外资本进入模式将逐步高级化

表 1－2　不同境外资本输入模式规模年度变化情况

单位：百万美元

年份	贸易输入		版权输入	
	输入规模	年增速	输入规模	年增速
2003	1 323.67		3 548.13	—
2004	1 490.27	12.59%	4 496.6	26.73%
2005	1 578.13	5.90%	5 321.25	18.34%
2006	1 722.86	9.17%	6 634.08	24.67%
2007	6 738.05	291.10%	8 192.07	23.48%
2008	6 594.71	－2.13%	10 319.5	25.97%
2009	6 154.26	－6.68%	11 065.3	7.23%
2010	7 389.87	20.08%	13 039.5	17.84%
2011	8 463.26	14.53%	14 706.11	12.78%
2012	8 403.90	－0.70%	17 748.98	20.69%

资料来源：UNCTAD 创意经济数据库、UN Comtrade

从各大进入模式的发展数据看(见表1-2),境外资本贸易进入的规模增速在下降,2008年、2009年和2012年均出现下降,一定程度说明境外传媒产品贸易进入增长相对乏力。而版权输入增速总体高于贸易输入模式,规模也远远高于贸易输入模式,但是其增速也在放缓。与此同时,直接投资模式交易数量增长较快,2014年全年境外资本完成78宗传媒并购交易,截至2015年10月1日,境外资本已完成79宗传媒并购交易。根据企业的国际化程度演进来看,跨国公司也基本遵循贸易模式→契约模式→直接投资模式的演进历程,可以认为境外资本进入中国传媒产业也将延续这一发展历程(见图1-2)。

图1-2 境外资本进入模式高级化演进

3. 境外资本直接进入方式将日趋隐蔽化与间接性

很多境外资本并非完全通过传统欧美日等国家和我国港台澳地区进入中国大陆,而是通过开曼群岛、维尔京群岛、百慕大等世界避税天堂的企业渠道进入中国,完成传媒企业的并购。根据ZEPHYR全球并购交易数据库的数据,从2002—2015年10月间境外资本参股并购中国传媒企业的交易数量338宗,占总并购交易数量的55.5%。可以认为境外资本进入中国传媒产业的并购交易类型将主要以参股为主,通过收购一定数量的股权达到参股分享收益的目的。

4. 境外资本直接投入进入行业将集中于新媒体相关产业

境外资本将主要选择意识形态性较弱,与舆论导向性关联度低的传媒领域,如网络电视、手机电视、动漫卡通节目制作等与新兴数字媒体技术相关的传媒企业,由于其高成长性和高回报性,可能更能吸引境外本的关注。根据ZEPHYR全球并购交易数据库的数据,也证实近年来境外资本进入中国传媒产业,并购的企业类型越来越多的以网络出版、广播电视与网络搜索服务为主。

第二章

境外资本贸易模式进入中国传媒产业的演变与趋势分析

在境外资本进入中国传媒产业的过程,贸易模式一直是其进入中国市场的主要模式。从国际化的演化过程来看,贸易模式往往是企业国际化的初级形式,由于文化的巨大差异与壁垒,通过贸易模式,境外传媒企业可以避免在华经营的巨大成本,同时可以获得经验曲线和区位经济,实现国际市场的规模化,使其在贸易中逐步精通中国文化。因此,分析国际传媒类产品出口中国的数据,将有助于深入了解境外资本采取贸易模式进入中国传媒产业的演变历程和趋势。

本部分研究将按照 UNCTAD 产业分类标准,主要研究境外视听(电影胶片、CD、DVD、Tapes)、新媒体(数字录制、视频游戏)、出版(图书、报纸、其他出版物)、音乐(乐器、音乐印刷品)四类传媒类产品进入中国市场的发展,原始数据主要源自联合国贸易与发展会议 UNCTAD 创意经济数据库,传媒类产品的贸易数据均根据 UNCTAD 数据汇总计算获得。

一、境外视听产品的贸易进入发展态势

视听产品范围取自 UNCTAD 创意产业分类,包括电影胶片、CD、DVD、Tapes 等产品,电影胶片包括已感光和已洗出的大于等于 35mm 的胶片和小于 35mm 的电影胶片(不管是否有声),CD、DVD、Tapes 包括各类用以存储声音、图像的光盘、磁盘和磁带。

（一）规模演进

1. 境外视听产品的贸易进入规模演变

从表 2-1 来看，境外视听产品输入规模在 10 年间增长 5 倍多，年平均增长 57%，这主要得益于 2007 年突然的爆发，2007 年境外视听产品输入规模增长 187.5%，使中国一年间直接跨入 10 亿美元级的视听产品进口国家行列。从图 2-1也可以看出 2007 年前后中国视听产品出口额的巨大反差。从增长速度的变化来看，总体上 2007 年以前境外视听产品的增长速度较快，2004 年增长速度达 38.59%，2005 年增长速度也达到 18.9%，仅 2006 年有小幅下降，而 2008 年以后增长速度放缓，从图 2-1 柱状图可以看出，2007 年以后增长幅度有限。总体上 10 年间境外视听产品输入规模增长较快，而 2007 年以后增长开始放缓。

表 2-1　境外视听产品贸易输入规模年度变化情况

单位：百万美元

年份	输入规模	年增速
2003	639.1707	
2004	885.8062	38.59%
2005	1 053.214	18.90%
2006	1 023.337	—2.84%
2007	2 942.175	187.51%
2008	2 928.865	—0.45%
2009	2 818.645	—3.76%
2010	3 471.552	23.16%
2011	3 920.875	12.94%
2012	3 926.719	0.15%

资料来源：UNCTAD 创意经济数据库、UN Comtrade

2. 境外电影胶片的贸易进入规模演进

境外电影胶片输入规模在 10 年间呈∩型曲线，从 2003 年开始，输入规模不断增长，到 2009 年达到顶峰，为 3 317 万美元，而从 2010 年开始逐步下降，2012 年输入规模仅为 492 万美元，回到了 2006 年以前的规模水平。从 10 年间的增

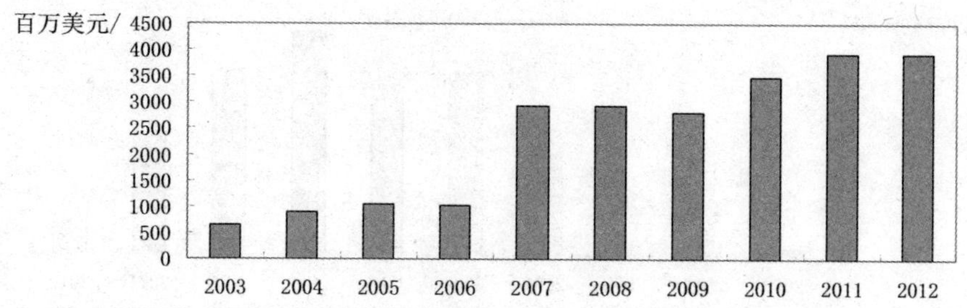

图 2－1　境外视听产品贸易输入规模年度变化情况

资料来源：UNCTAD 创意经济数据库、UN Comtrade

长速度来看，总体上增长速度在逐年下降，一定程度反映了境外电影贸易输入模式的弱化，其原因可能与电影数码技术的变化和境外资本进入模式转变均有关系，如表 2－2 和图 2－2 所示。

表 2－2　境外电影胶片贸易输入规模差额变化情况

单位：百万美元

年份	输入规模	年增速
2003	0.99	
2004	2.13	115.15%
2005	1.69	－20.66%
2006	15.13	795.27%
2007	27.08	78.98%
2008	25.36	－6.35%
2009	33.17	30.80%
2010	27.39	－17.43%
2011	18.10	－33.92%
2012	4.92	－72.82%

资料来源：UNCTAD 创意经济数据库

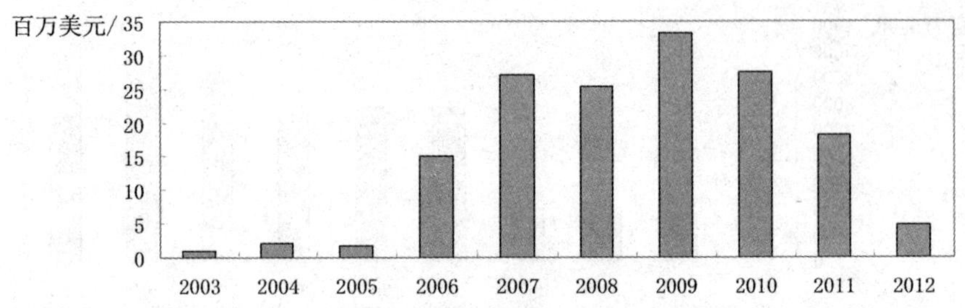

图 2-2　境外电影胶片贸易输入规模差额变化情况

资料来源：UNCTAD 创意经济数据库

3. 境外 CD、DVD 等产品的贸易进入规模演进

表 2-3　境外 CD、DVD 等产品贸易输入规模变化情况

单位：百万美元

年份	输入规模	年增速
2003	638.19	
2004	883.68	38.47%
2005	1 051.52	18.99%
2006	1 008.20	−4.12%
2007	2 915.10	189.14%
2008	2 903.50	−0.40%
2009	2 785.48	−4.06%
2010	3 444.16	23.65%
2011	3 902.78	13.32%
2012	3 921.80	0.49%

资料来源：UNCTAD 创意经济数据库

从表 2-3 和图 2-3 可以看出，境外 CD、DVD 等产品贸易输入规模在 10 年间不断增长，2003 年输入规模仅为 6.38 亿美元，2007 年爆发式增长为 29.15 亿美元，2012 年增长为 39.22 亿美元，10 年间输入规模增长了 5.1 倍。但是从年增速来看，境外 CD、DVD 等产品贸易的年增长速度在逐步放缓，2007 年以前增长速度较高，而 2008 年以后增长较慢，2012 年的增长速度仅为 0.49%。说明经历了早期超高速的增长之后，境外 CD、DVD 等产品贸易输入规模增长趋于停滞。

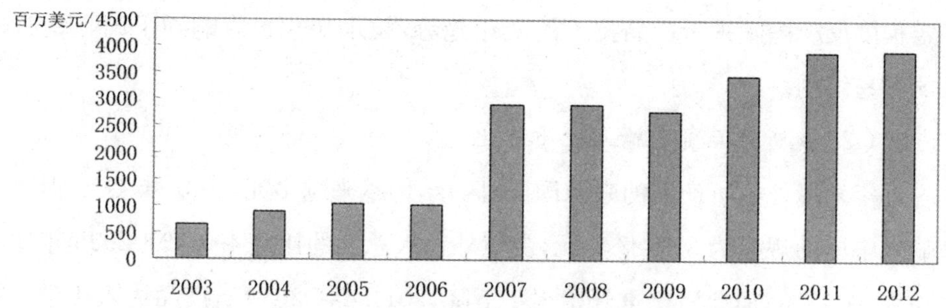

图 2-3　境外 CD、DVD 等产品贸易输入规模变化情况

资料来源：UNCTAD 创意经济数据库

（二）结构演进

1. 境外产品结构演进

表 2-4　境外视听产品贸易输入产品结构变化情况

单位：百万美元

年份	电影胶片		CD、DVD、Tapes 等	
	输入规模	比重	输入规模	比重
2003	0.99	0.15%	638.19	99.85%
2004	2.13	0.24%	883.68	99.76%
2005	1.69	0.16%	1 051.52	99.84%
2006	15.13	1.48%	1 008.20	98.52%
2007	27.08	0.92%	2 915.10	99.08%
2008	25.36	0.87%	2 903.50	99.13%
2009	33.17	1.18%	2 785.48	98.82%
2010	27.39	0.79%	3 444.16	99.21%
2011	18.10	0.46%	3 902.78	99.54%
2012	4.92	0.13%	3 921.80	99.87%

资料来源：UNCTAD 创意经济数据库

从境外视听产品输入的产品结构看（见表 2-4），电影胶片的输入比重微乎其微，大部分年份不足 1%，仅在 2006 年和 2009 年分别为 1.48%和 1.18%，境外视听产品输入的产品类别绝大部分为 CD、DVD、Tapes 等，其比重超过 99%。

一定程度反映国际视听产品技术的变化趋势,技术变化也影响到了国际视听产品的贸易结构。

2. G20 视听产品贸易输入比重变化

近年来境外视听产品的来源国(地区)结构越来越多元,2003 年 G20 视听产品输入中国的规模为 3.13 亿美元,占境外输入总额的比重 49.01%,2005 年比重增长为 52.17%,但此后比重开始逐年下降,2011 年 G20 视听产品输入比重下降为 34.16%,2012 年有小幅回升,也仅为 37.82%,如表 2-5 所示。从图 2-4 的变化趋势也可以看出,境外视听产品输入国家越来越多,而不仅仅局限于世界发达国家范围。

表 2-5 G20 视听产品输入规模与比重情况

单位:百万美元

年份	G20 输入规模	境外视听产品输入总额比重(%)
2003	313.23	49.01%
2004	452.36	51.07%
2005	549.49	52.17%
2006	492.39	48.12%
2007	1 119.10	38.04%
2008	1 234.88	42.16%
2009	1 271.89	45.12%
2010	1 252.24	36.07%
2011	1 339.52	34.16%
2012	1 485.03	37.82%

注:G20 的样本国选自世界银行数据库 2013 年度 GDP 排名前 20 名的国家(除去中国)

资料来源:UNCTAD 创意经济数据库

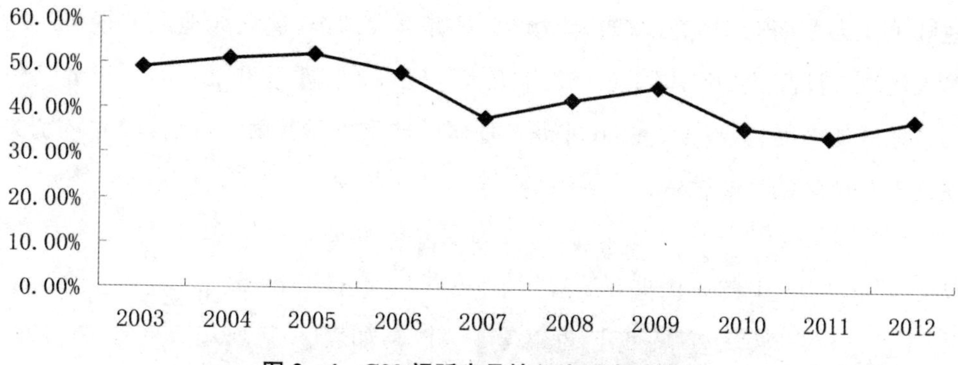

图 2-4 G20 视听产品输入比重变动情况

资料来源：UNCTAD 创意经济数据库

3. 境外视听产品来源地区结构演进

表 2-6 境外视听产品来源地区结构变化情况

地区＼年份	2003	2004	2005	2006	2007	2008	2009	2010	2011	2012
东南亚	18.80%	20.56%	24.85%	29.03%	47.97%	44.71%	40.21%	45.12%	51.32%	46.25%
北美	23.33%	20.44%	23.50%	28.48%	17.41%	20.37%	22.07%	19.19%	17.23%	21.81%
欧盟	23.57%	30.89%	25.42%	17.54%	11.61%	9.72%	14.52%	16.24%	14.05%	12.47%
中国港澳台	21.97%	16.72%	12.60%	13.14%	8.42%	8.51%	8.27%	6.34%	5.64%	9.84%
日韩	8.84%	7.31%	7.89%	5.74%	11.14%	12.96%	11.07%	9.20%	7.76%	6.56%
其他	1.87%	2.06%	4.36%	4.54%	2.08%	2.21%	2.09%	2.88%	3.14%	2.00%
澳大利亚	0.34%	0.66%	0.51%	0.67%	0.66%	0.68%	0.62%	0.67%	0.64%	0.63%
独联体	1.14%	1.22%	0.83%	0.82%	0.67%	0.77%	0.81%	0.23%	0.07%	0.24%
南亚	0.13%	0.02%	0.04%	0.01%	0.03%	0.04%	0.08%	0.06%	0.08%	0.16%
ACP	0.01%	0.11%	0.00%	0.00%	0.00%	0.01%	0.26%	0.03%	0.07%	0.04%
南美	0.01%	0.00%	0.01%	0.02%	0.01%	0.02%	0.01%	0.03%	0.00%	0.01%

（ACP 指非洲、加勒比和太平洋国家集团；北美包括美国、加拿大、墨西哥；欧盟指 EU27 国；南美指南美洲国家联盟；东南亚指东南亚国家联盟各国；南亚指南亚各国包括印度；独联体指独立国家联合体(Commonwealth of Independent States — CIS)各国。）

资料来源：UNCTAD 创意经济数据库

从境外视听产品来源地区结构的变化来看，境外视听产品贸易输入的来源地区主要为东南亚、北美、欧盟、港澳台、日韩五大地区，这五大地区的视听产品输入比重合计高达96%以上，2012年五大地区输入比重达96.92%，而世界其他国家地区如南美、俄罗斯、澳洲、非洲等地区的比重微乎其微，因此我国应特别关注这五大地区的视听输入。

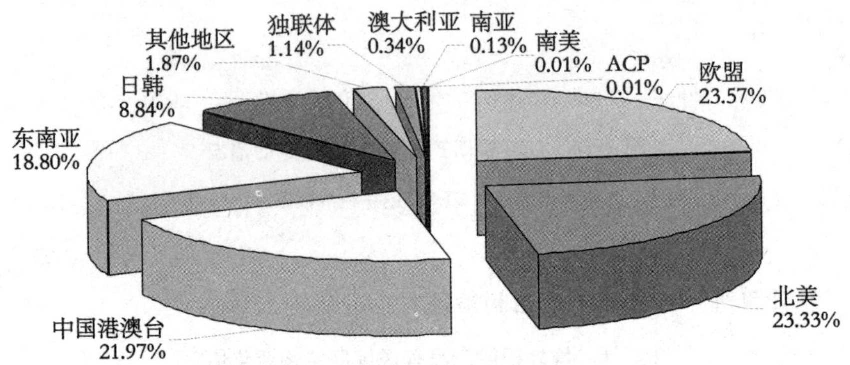

图 2-5　2003 年境外视听产品来源地区结构

资料来源：UNCTAD 创意经济数据库

虽然这五大地区的总比重在10年间保持稳定，但是这五大地区的地位在10年间发生了巨大的变化。2003年主要视听产品来源地区为欧盟、北美、港澳台和东南亚，比重分别为23.57%、23.33%、21.97%和18.80%，四个地区的市场比重累计达87.67%，占据了绝大部分的市场（见图2-5）。然而到2012年东南亚成为最主要的来源国（地区），比重高达46.25%，北美比重依然保持为21.81%，但是欧盟比重下降较大，为12.47%，港澳台下降幅度最大，比重仅为9.84%（见图2-6）。其他地区的比重在10年间没有太大变化，甚至部分地区视听产品的输入比重还在下降。总之10年间，欧美和日韩的视听产品入境占入境视听产品总额的比重在下降，东南亚的比重则快速提高，成为入境视听产品的最主要来源国（地区）。

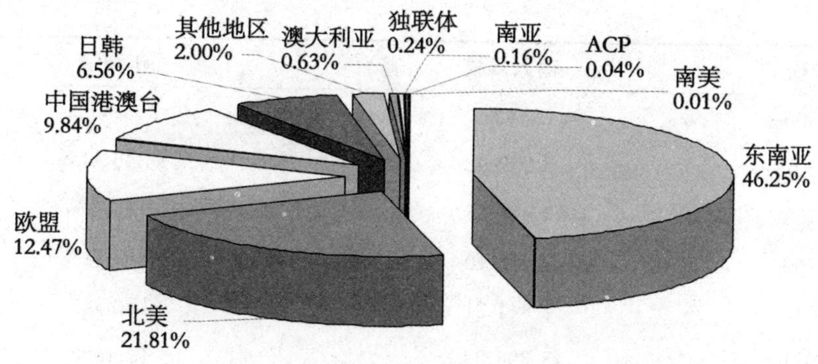

图 2-6　2012 年境外视听产品来源地区结构

资料来源：UNCTAD 创意经济数据库

二、境外新媒体产品贸易进入中国的发展态势

新媒体产品范围取自 UNCTAD 创意产业分类，包括数字录制和视频游戏。

（一）规模演进

1. 境外新媒体产品的贸易进入规模演变

从表 2-7 和图 2-7 来看，境外新媒体产品贸易输入中国规模在 10 年间增长了近 11 倍，平均年增长 121%，2006 年和 2007 年突然爆发，年增长速度分别达 263.6%和 1346.11%，输入总额从 2003 年的 2.72 亿美元迅速增长为 32.4 亿美元。2008 年之后出口额有一定的下降，但是在 2012 年重新恢复为 2007 年的规模水平。总体上 10 年间境外新媒体产品输入规模增长较快，但是近 5 年增长较为乏力，增长速度放缓。

表 2-7　境外新媒体产品贸易输入规模年度变化情况

单位：百万美元

年份	输入规模	年增速
2003	272.42	
2004	225.95	−17.06%
2005	61.62	−72.73%

（续表）

年份	输入规模	年增速
2006	224.04	263.60%
2007	3 239.92	1 346.11%
2008	3 048.66	−5.90%
2009	2 465.10	−19.14%
2010	2 841.21	15.26%
2011	3 394.24	19.46%
2012	3 239.83	−4.55%

资料来源：UNCTAD 创意经济数据库、UN Comtrade

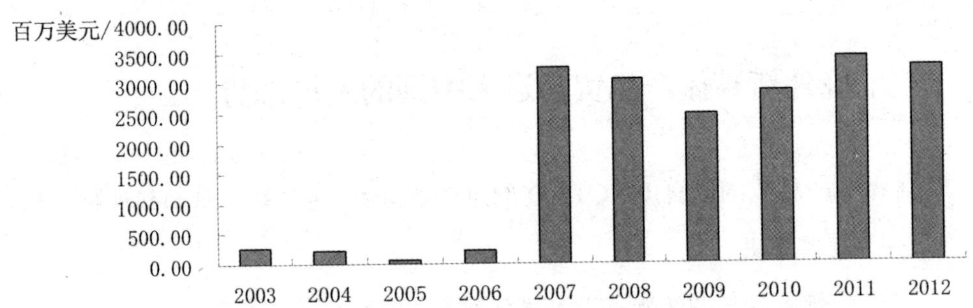

图 2－7　境外新媒体产品贸易输入规模年度变化情况

资料来源：UNCTAD 创意经济数据库、UN Comtrade

2. 境外数字录制产品的贸易进入规模演变

表 2－8　境外数字录制产品贸易输入规模年度变化情况

单位：百万美元

年份	输入规模	年增速
2003	240.84	
2004	159.27	−33.87%
2005	12.81	−91.96%
2006	33.52	161.64%
2007	2 684.09	7 906.80%
2008	2 720.74	1.37%

（续表）

年份	输入规模	年增速
2009	2 302.04	－15.39%
2010	2 691.58	16.92%
2011	3 220.36	19.65%
2012	2 799.74	－13.06%

资料来源：UNCTAD 创意经济数据库

从表 2－8 和图 2－8 来看，境外数字录制产品贸易输入规模增长迅猛，10 年间从 2003 年的 2.4 亿美元增长为 2012 年的 28 亿美元，增长了 10.6 倍。但是在 10 年间其起伏较大，2003—2005 年快速下降，其中 2005 年快速从 2004 年的 1.59 亿美元下降为 1 281 万美元，下降速度达 91.96%；2007 年突然爆发式增长，输入规模一年间从 2006 年的 3 352 万美元增长为 2007 年的 26.84 亿美元，增长速度高达 7906%。从 2008 年以来贸易输入规模增长放缓，趋于相对平稳，2012 年输入规模为 27.997 亿美元，与 2007 年的规模接近。总体上说明境外数字录制产品贸易输入规模在 10 年间发展较快，但在近 5 年来发展相对平缓。

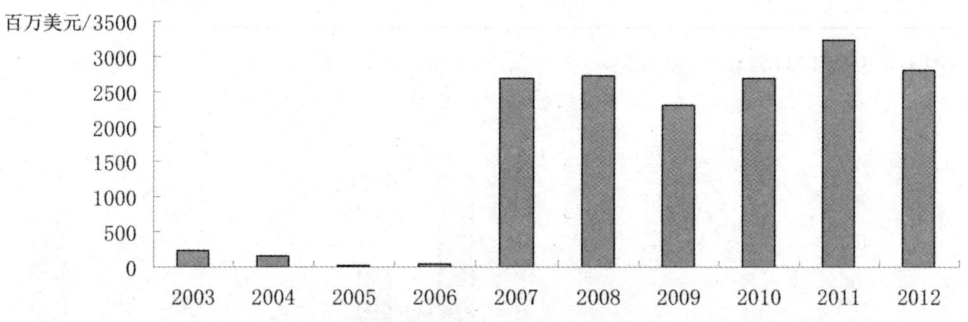

图 2－8　境外数字录制产品贸易输入规模年度变化情况

资料来源：UNCTAD 创意经济数据库

3. 境外视频游戏产品的贸易进入规模演变

从表 2－9 和图 2－9 来看，境外视频游戏产品贸易输入规模增长迅猛，10 年间增长了 12.9 倍，从 2003 年的 3 158 万美元增长为 2012 年的 4.4 亿美元。但是在 10 年间其起伏较大，2004 年增速高达 111.15%，2005 年下降 26.8%，2006 年和 2007 年超高速增长，增速分别达 290.33% 和 191.74%，之后三年连续下降，

2009 年下降速度高达 50.27%，2012 年又超高速反弹，增速高达 153.1%。总体上说明境外视频游戏产品贸易输入规模在 10 年间发展较快，但是其输入规模远远不及数字录制产品的境外输入规模，并且起伏较大。

表 2-9 境外视频游戏产品贸易输入规模年度变化情况

单位：百万美元

年份	输入规模	年增速
2003	31.58	
2004	66.68	111.15%
2005	48.81	−26.80%
2006	190.52	290.33%
2007	555.83	191.74%
2008	327.92	−41.00%
2009	163.06	−50.27%
2010	149.63	−8.24%
2011	173.88	16.21%
2012	440.09	153.10%

资料来源：UNCTAD 创意经济数据库

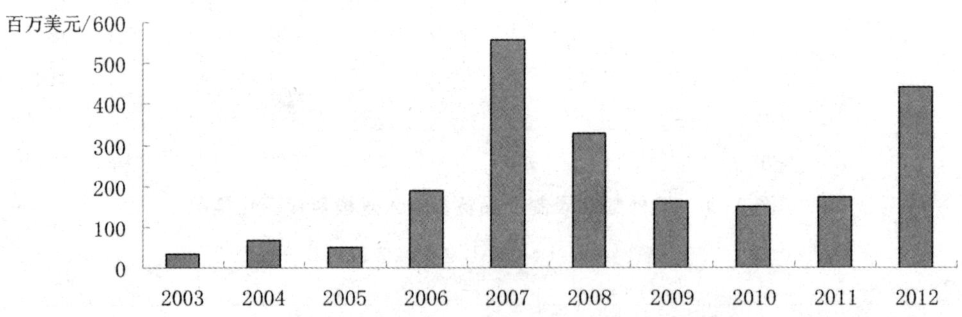

图 2-9 境外视频游戏产品贸易输入规模年度变化情况

资料来源：UNCTAD 创意经济数据库

（二）结构演进

1. 境外新媒体贸易输入产品结构演进

表 2 - 10　境外新媒体产品贸易输入产品结构变化情况

单位:百万美元

年份	数字录制输入		视频游戏输入	
	输入规模	比重	输入规模	比重
2003	240.84	88.41%	31.58	11.59%
2004	159.27	70.49%	66.68	29.51%
2005	12.81	20.79%	48.81	79.21%
2006	33.52	14.96%	190.52	85.04%
2007	2 684.09	82.84%	555.83	17.16%
2008	2 720.74	89.24%	327.92	10.76%
2009	2 302.04	93.39%	163.06	6.61%
2010	2 691.58	94.73%	149.63	5.27%
2011	3 220.36	94.88%	173.88	5.12%
2012	2 799.74	86.42%	440.09	13.58%

资料来源:UNCTAD 创意经济数据库

从境外新媒体产品贸易的结构数据来看,数字录制占大部分,2003—2012年间有 7 年比重超过 80%,而视频游戏的比重相对较低,在大部分年份比重均低于 20%,在 2009 年—2011 年甚至低于 10%。但是在 2005 年和 2006 年情况较为特殊,视频游戏与数字录制的比重出现反转,视频游戏的比重分别高达79.21%和 85.04%,远远超过数字录制的比重。总体上可以认为境外新媒体产品贸易输入以数字录制为主,视频游戏比重较低(见表 2 - 10 和图 2 - 10)。

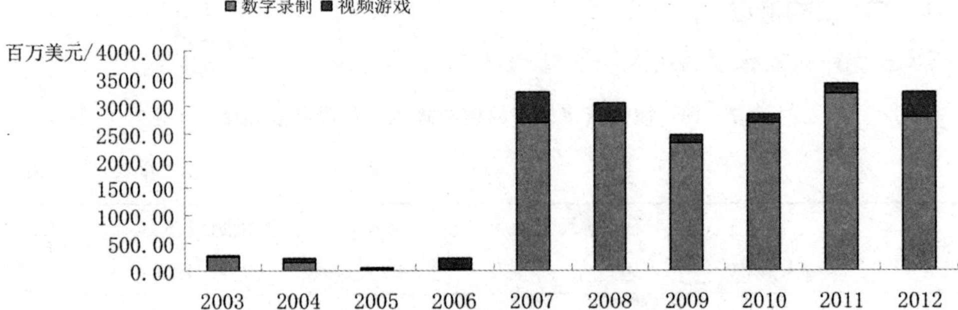

图 2-10 境外新媒体产品贸易输入产品结构变化情况

资料来源：UNCTAD 创意经济数据库

2. G20 新媒体产品贸易输入比重变化

表 2-11 G20 新媒体产品输入规模与比重情况

单位：百万美元

年份	G20 新媒体输入规模	境外新媒体产品输入总额比重(%)
2003	127.67	46.86%
2004	57.59	25.49%
2005	14.35	23.30%
2006	56.44	25.19%
2007	720.31	22.23%
2008	764.29	25.07%
2009	757.59	30.73%
2010	838.81	29.52%
2011	1 252.07	36.89%
2012	1 092.90	33.73%

注：G20 的样本国选自世界银行数据库 2013 年度 GDP 排名前 20 名的国家(除去中国)

资料来源：UNCTAD 创意经济数据库

与境外视听产品情况一样，近年来境外新媒体产品的来源国(地区)结构越来越多元，2003 年 G20 新媒体产品输入中国的规模为 1.28 亿美元，占境外输入总额的比重 46.86%，2004 年比重迅速下降为 25.49%，2007 年下降到最低点，比重为 22.23%，说明境外资本输入并非以发达国家为主，近 3/4 的贸易输入量为

GDP 排名靠后的国家或地区贡献。这一定程度反映了境外新媒体产品输入国家越来越多，而不仅仅局限于世界发达国家范围，并且其多元化程度远远超过境外视听产品（见表 2－11 和图 2－11）。

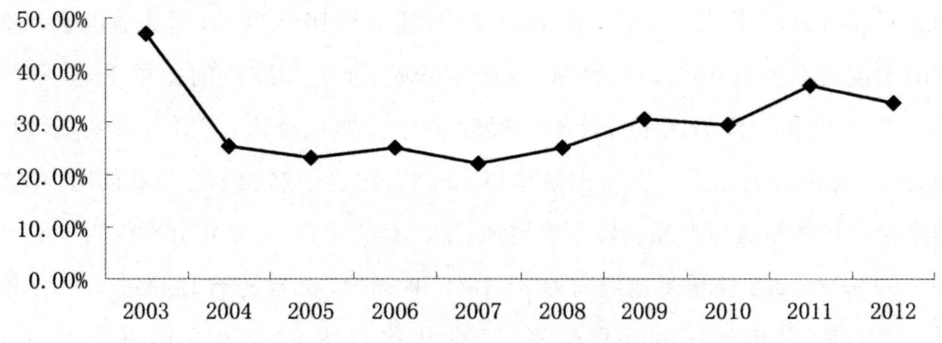

图 2－11　G20 新媒体产品输入比重情况

资料来源：UNCTAD 创意经济数据库

3. 境外新媒体产品来源地区结构演进

表 2－12　境外新媒体产品来源地区结构变化情况

地区＼年份	2003	2004	2005	2006	2007	2008	2009	2010	2011	2012
中国港澳台	6.82%	7.75%	8.80%	4.23%	17.35%	17.86%	26.40%	36.03%	34.47%	31.18%
其他地区	9.30%	20.72%	63.88%	35.25%	54.89%	53.97%	40.34%	31.57%	25.02%	27.52%
日韩	3.99%	7.03%	9.74%	14.74%	17.44%	19.44%	22.94%	21.13%	25.11%	20.82%
东南亚	2.99%	1.13%	2.02%	34.46%	5.52%	3.10%	2.58%	3.77%	4.10%	7.83%
北美	30.68%	14.84%	10.66%	9.11%	2.13%	3.01%	4.43%	3.94%	7.27%	6.54%
欧盟	38.29%	48.28%	3.93%	2.20%	2.66%	2.59%	3.24%	3.50%	3.83%	5.90%
ACP	0.09%	0.00%	0.00%	0.00%	0.00%	0.00%	0.00%	0.03%	0.12%	0.10%
南亚	0.00%	0.00%	0.83%	0.00%	0.00%	0.01%	0.01%	0.02%	0.03%	0.08%
澳大利亚	7.43%	0.17%	0.15%	0.01%	0.00%	0.02%	0.06%	0.02%	0.03%	0.03%
南美	0.00%	0.00%	0.00%	0.00%	0.00%	0.01%	0.01%	0.00%	0.00%	0.00%
独联体	0.40%	0.08%	0.00%	0.00%	0.00%	0.00%	0.00%	0.00%	0.00%	0.00%

（ACP 指非洲、加勒比和太平洋国家集团，北美包括美国、加拿大、墨西哥，欧盟指 EU27 国，南美指南美洲国家联盟，东南亚指东南亚国家联盟各国，南亚指南亚各国包括印度，独联体指独立国家联合体（Commonwealth of Independent States — CIS）各国。）

资料来源：UNCTAD 创意经济数据库

与境外视听产品来源国(地区)结构不同,境外新媒体产品的来源国(地区)结构变化较大,并且其结构更为复杂。2003年从境外新媒体产品来源地区主要为北美和欧盟,分别为30.68%和38.29%,比重合计接近70%,而其他国家和地区的比重均不超过10%。但是从2005年开始,北美和欧盟的比重迅速下降,2007年北美和欧盟的比重合计不超过5%,下降幅度惊人,之后有所恢复性增长,2012年两者的比重分别为6.54%和5.90%,比重依然较小。与此同时,中国港澳台和日韩新媒体产品入境规模迅速扩大,其比重在2003年分别仅为6.82%和3.99%,2012年比重迅速提高为31.18%和20.82%,比重合计超过50%。值得注意的是,其他地区的比重较高,2003年比重达9%,2012年更是提高为28%,说明入境的新媒体产品来源国(地区)结构更为多元化,不仅仅是来自主流的国家与地区。总之,10年间,入境的国际新媒体产品的来源地区结构更加多元化,不仅仅局限于原来发达国家或地区的输入,中国新媒体市场更多的受到港澳台、日韩以及更多的欠发达地区产品的影响(见表2-12、图2-12、图2-13)。

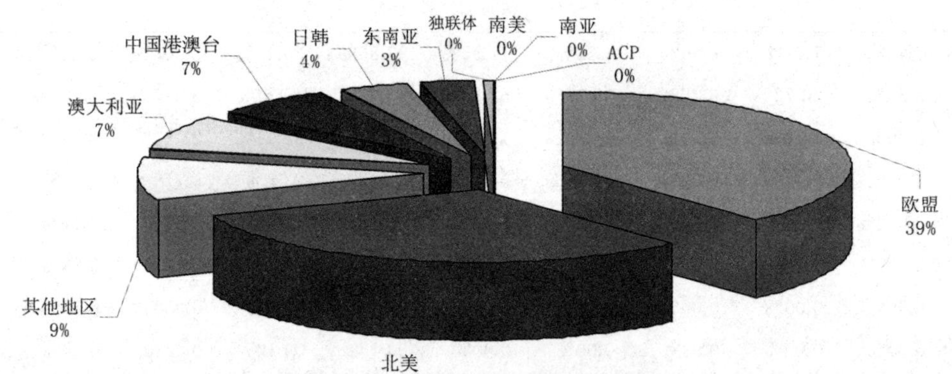

图2-12 2003年境外新媒体产品贸易来源地区结构

资料来源:UNCTAD创意经济数据库

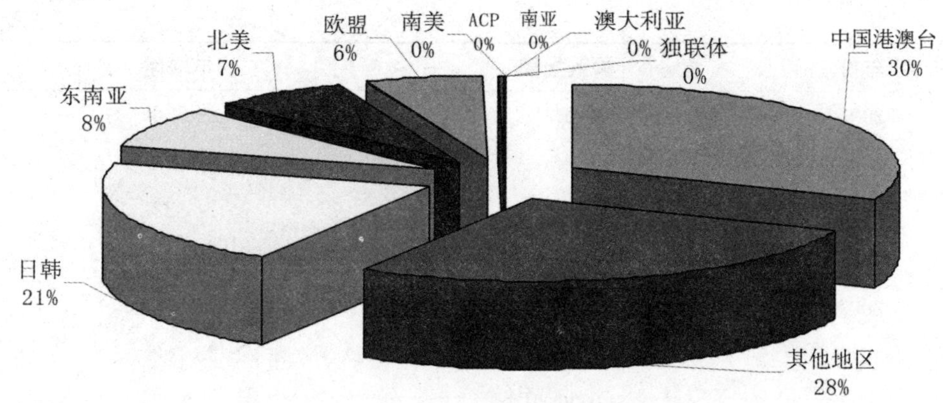

图 2－13　2012 年境外新媒体产品贸易来源地区结构

资料来源：UNCTAD 创意经济数据库

三、境外出版物贸易进入中国的发展态势

出版物产品范围取自 UNCTAD 创意产业分类，包括图书、报纸期刊与其他出版物等；其他出版物主要指地图、日历、个人贺卡、商业促销印刷品等。

（一）规模演进

1. 境外出版物的贸易进入规模演变

如表 2－13、图 2－14 显示，境外出版物进入中国的规模在 10 年间增长 1.8 倍，从 2003 年的 3.83 亿美元增长至 2012 年的 10.75 亿美元，平均年增长 20.06%。与视听产品和新媒体产品相比，出版物入境规模在 10 年间总体增长速度相对平缓，仅在 2005 年、2009 年和 2010 年增长速度较快，分别达到 22.50%、45.87%和 23.70%。总体上 10 年间国际出版物入境规模逐年增长，与视听产品和新媒体产品入境规模相比，其增长速度相对平缓。

表 2－13　境外出版物贸易输入规模年度变化情况

单位：百万美元

年份	输入规模	年增速
2003	383.00	
2004	340.18	－11.18%

（续表）

年份	输入规模	年增速
2005	416.71	22.50%
2006	432.01	3.67%
2007	493.88	14.32%
2008	536.39	8.61%
2009	782.41	45.87%
2010	967.82	23.70%
2011	1006.20	3.97%
2012	1074.61	6.80%

资料来源：UNCTAD 创意经济数据库、UN Comtrade

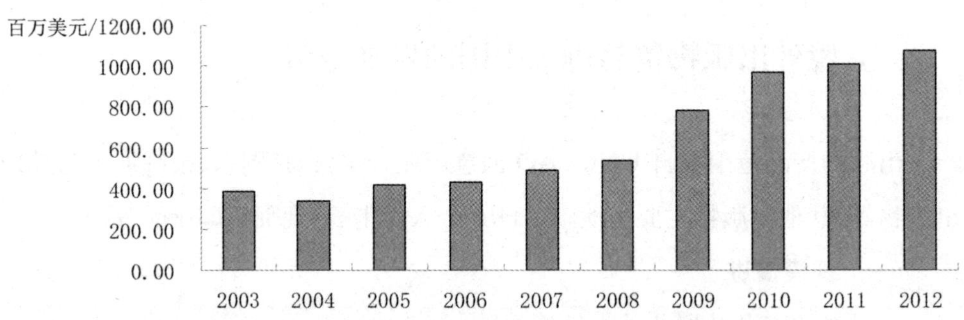

图 2-14　境外出版物贸易输入规模年度变化情况

资料来源：UNCTAD 创意经济数据库、UN Comtrade

2. 境外图书的贸易进入规模演变

如表 2-14 和图 2-15 所示，国际图书贸易入境规模在 2002—2012 年间总体呈不断增长的趋势，仅在 2004 年和 2008 年有小幅的下降，下降速度分别为 6.54%和 3.01%，其他大部分年份均呈上升趋势。10 年间从 2003 年的 9 780 万美元增长为 2012 年的 2.05 亿美元，增长 1 倍多，年平均增长速度为 12.14%，并且年增长速度相对平缓，起伏不大。

表 2-14　境外图书贸易输入规模年度变化情况

单位：百万美元

年份	输入规模	年增速
2003	97.80	
2004	91.40	－6.54%
2005	103.75	13.51%
2006	113.23	9.14%
2007	126.48	11.70%
2008	122.67	－3.01%
2009	133.75	9.03%
2010	158.11	18.21%
2011	181.14	14.57%
2012	204.62	12.96%

资料来源：UNCTAD 创意经济数据库

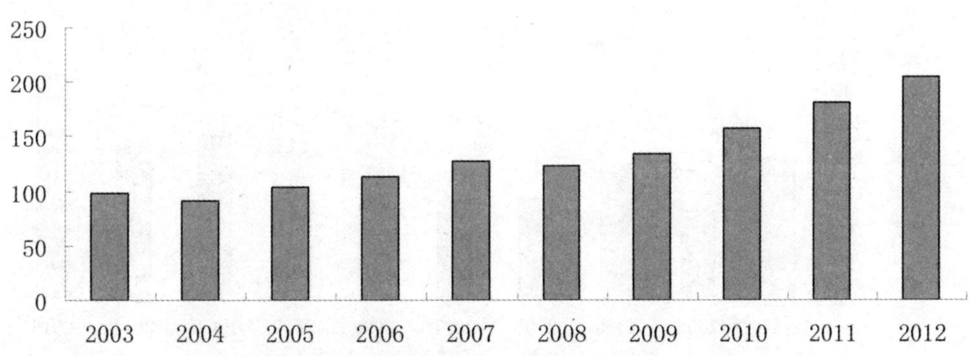

图 2-15　境外图书贸易输入规模年度变化情况

资料来源：UNCTAD 创意经济数据库

3. 境外报纸期刊的贸易进入规模演变

如表 2-15 和图 2-16 所示，10 年间，国际报纸期刊产品进入中国的贸易规模起伏较大，2003 年其入境规模为 2.02 亿美元，2004 年快速下降 37.29%，2005 年又快速反弹，恢复为 1.92 亿美元，此后起起伏伏，2011 年规模也仅为 2.29 亿美元，仅比 2003 年高出 0.27 亿美元。2012 年再次出现高速增长，年增长速度达

40.48%，入境贸易规模达3.21亿美元。总体上报纸期刊入境规模增长幅度较小。

表2-15 境外报纸期刊贸易输入规模年度变化情况

单位：百万美元

年份	输入规模	年增速
2003	201.84	
2004	126.58	−37.29%
2005	191.94	51.64%
2006	143.85	−25.05%
2007	139.90	−2.75%
2008	150.28	7.42%
2009	157.61	4.88%
2010	233.86	48.38%
2011	228.81	−2.16%
2012	321.44	40.48%

资料来源：UNCTAD创意经济数据库

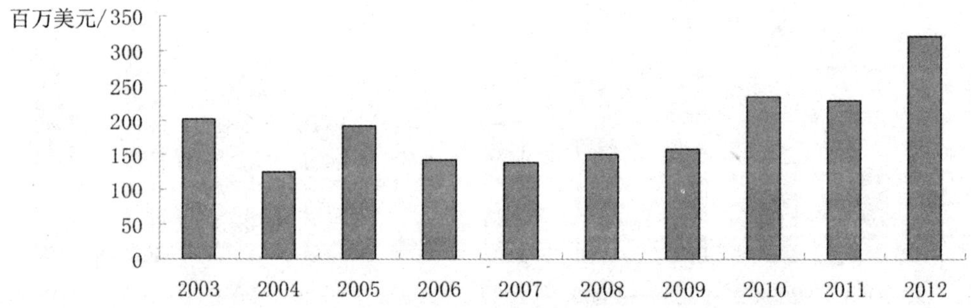

图2-16 境外报纸期刊贸易输入规模年度变化情况

资料来源：UNCTAD创意经济数据库

4. 境外其他出版物的贸易进入规模演变

与图书和报纸期刊相比，境外其他出版物产品的入境规模在10年间增长较快，如图2-17和表2-16所示，从2003年的8336万美元增长为2012年的5.48亿美元，增长5.6倍，年平均增长速度达62.01%。在10年其他出版物入境规模总体保持增长趋势，仅仅在2005年和2012年的增长速度为负值，其他年份均为正值，并且速率较高，2009 年其的速度高达 86.4%。

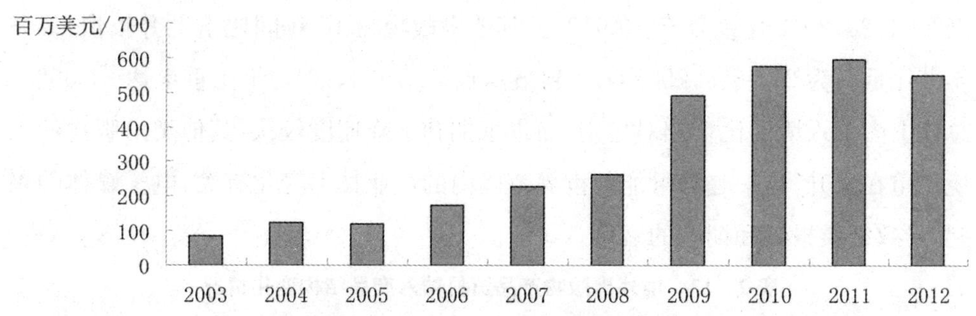

图 2-17　境外其他出版物贸易输入规模年度变化情况

资料来源：UNCTAD 创意经济数据库

表 2-16　境外其他出版物贸易输入规模年度变化情况

单位：百万美元

年份	输入规模	年增速
2003	83.36	
2004	122.21	46.61%
2005	121.01	−0.98%
2006	174.93	44.56%
2007	227.50	30.05%
2008	263.44	15.80%
2009	491.05	86.40%
2010	575.85	17.27%
2011	596.25	3.54%
2012	548.55	−8.00%

资料来源：UNCTAD 创意经济数据库

（二）结构演进

1. 境外出版物贸易输入产品结构演进

入境出版物的产品结构在 10 年间发生较大的变化。如表 2-17 和图 2-18 所示，其中图书出版物入境比重在 10 年间相对稳定，下降幅度较低，2003 年图书占入境出版物的比重为 25.54%，2012 年为 19.04%。而报纸期刊在 10 年间比重变化较大，2003年占入境出版物总额的52.70%，而在2009年下降至最低点20.14%，2012年恢复至29.91%。其他出版物在10年间比重上升较快，2003年其比重仅为21.76%，2009年达到最高点62.76%，2012年比重也达51.05%。总体上图书入境的比重相对稳定，而报纸期刊下降速度较快，其他类出版物的入境比重在上升，这一趋势可能与世界范围内的产业技术变化有关，电子媒体的兴起，导致纸质报纸和期刊的衰落。

表2-17 境外出版物产品贸易输入产品结构变化情况

单位：百万美元

年份	图书		报纸期刊		其他出版物	
	输入规模	比重	输入规模	比重	输入规模	比重
2003	97.80	25.54%	201.84	52.70%	83.36	21.76%
2004	91.40	26.87%	126.58	37.21%	122.21	35.92%
2005	103.75	24.90%	191.94	46.06%	121.01	29.04%
2006	113.23	26.21%	143.85	33.30%	174.93	40.49%
2007	126.48	25.61%	139.90	28.33%	227.50	46.06%
2008	122.67	22.87%	150.28	28.02%	263.44	49.11%
2009	133.75	17.09%	157.61	20.14%	491.05	62.76%
2010	158.11	16.34%	233.86	24.16%	575.85	59.50%
2011	181.14	18.00%	228.81	22.74%	596.25	59.26%
2012	204.62	19.04%	321.44	29.91%	548.55	51.05%

资料来源：UNCTAD创意经济数据库

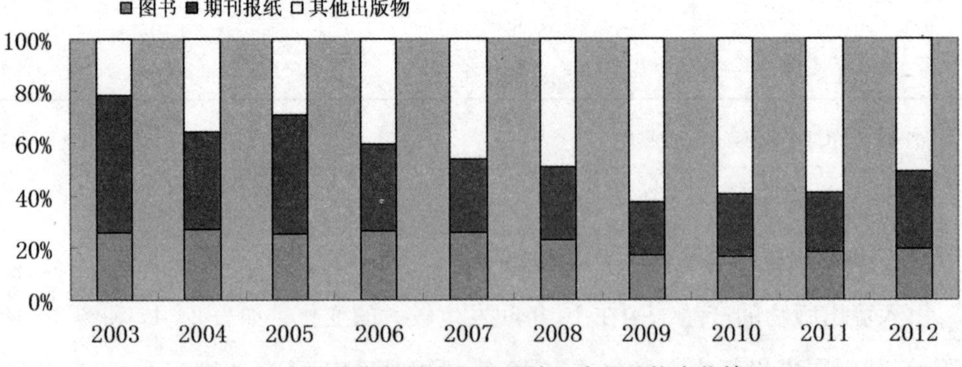

图2-18 境外出版物产品贸易输入产品结构变化情况

资料来源：UNCTAD创意经济数据库

2. G20 出版物产品贸易输入比重变化

与境外视听产品和新媒体的情况不同，如表 2－18 和图 2－19 所示，G20 出版物入境规模逐年增长，同时其占入境出版物的比重也逐年提高，2003 年 G20 出版物入境规模为 2.16 亿美元，占当年入境出版物总额的 56.28%，此后逐年递增，2012 年 G20 出版物入境规模达到 8.45 亿美元，其占入境出版物总额的比重也提高了 78.65%。说明境外出版物输入以发达国家为主，超过 3/4 的贸易输入量为 GDP 排名前 20 经济体贡献。这一定程度反映了发达国家出版物对我国出版产业的影响。

表 2－18　G20 出版物产品输入规模与比重情况

单位：百万美元

年份	G20 出版物输入规模	占境外出版物输入总额的比重(%)
2003	215.54	56.28%
2004	216.14	63.54%
2005	274.46	65.86%
2006	320.39	74.16%
2007	365.42	73.99%
2008	402.56	75.05%
2009	594.53	75.99%
2010	765.78	79.12%
2011	778.67	77.39%
2012	845.16	78.65%

注：G20 的样本国选自世界银行数据库 2013 年度 GDP 排名前 20 名的国家(除去中国)

资料来源：UNCTAD 创意经济数据库

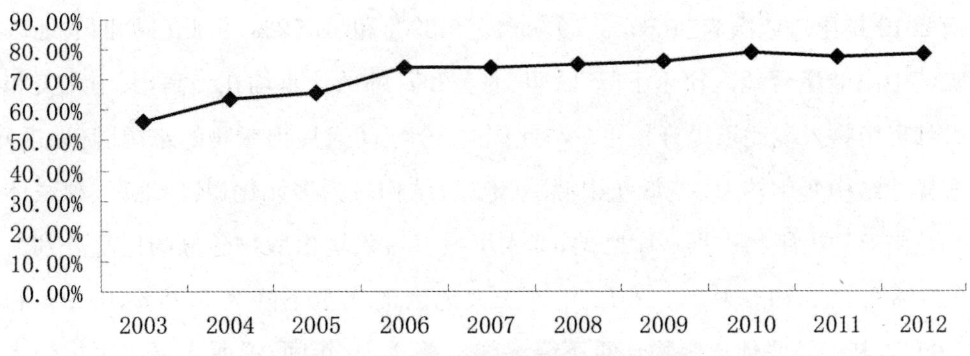

图 2－19　G20 出版物输入占入境出版物的比重变动情况

资料来源：UNCTAD 创意经济数据库

3. 境外出版物产品来源地区结构演进

表 2-19 入境出版物的来源地区结构变化情况

地区＼年份	2003	2004	2005	2006	2007	2008	2009	2010	2011	2012
欧盟	26.60%	25.07%	22.00%	27.89%	30.91%	31.09%	24.35%	24.24%	26.91%	30.04%
日韩	18.83%	23.48%	22.12%	21.88%	23.80%	25.21%	37.60%	37.28%	31.28%	29.03%
北美	11.82%	14.76%	19.97%	24.30%	19.52%	18.64%	13.35%	17.29%	19.05%	19.89%
中国港澳台	17.67%	21.19%	17.97%	16.72%	15.58%	13.37%	10.34%	13.85%	15.13%	13.52%
其他地区	9.21%	7.43%	7.90%	5.70%	5.85%	7.27%	10.08%	3.30%	4.12%	3.96%
东南亚	5.44%	4.70%	6.52%	2.95%	3.49%	3.63%	3.12%	2.58%	2.84%	2.99%
澳大利亚	0.35%	0.16%	0.28%	0.20%	0.54%	0.34%	0.16%	0.16%	0.15%	0.32%
独联体	8.39%	2.84%	3.13%	0.27%	0.19%	0.35%	0.93%	1.13%	0.44%	0.19%
南亚	0.04%	0.05%	0.05%	0.06%	0.06%	0.06%	0.05%	0.15%	0.05%	0.06%
南美	1.55%	0.31%	0.06%	0.01%	0.06%	0.03%	0.01%	0.02%	0.02%	0.01%
ACP	0.11%	0.00%	0.00%	0.01%	0.00%	0.01%	0.00%	0.01%	0.00%	0.00%

(ACP 指非洲、加勒比和太平洋国家集团，北美包括美国、加拿大、墨西哥，欧盟指 EU27 国，南美指南美洲国家联盟，东南亚指东南亚国家联盟各国，南亚指南亚各国包括印度，独联体指独立国家联合体(Commonwealth of Independent States — CIS)各国。)

资料来源：UNCTAD 创意经济数据库

在 10 年间入境出版物的主要来源国(地区)/地区分别为欧盟、日韩、北美和中国港澳台四大地区，如表 2-19 和图 2-20、2-21 所示，2003 年四大地区入境出版物占入境出版物总额的比重依次为 26.60%、18.83%、11.82%和 17.67%，而 2012 年比重依次为 30.04%、29.03%、19.89%和 13.52%，由此可见四大地区除了中国港澳台地区比重下降，欧盟、北美和日韩的比重均在提高，其中北美和日韩出版物入境比重提升较快。与此同时 10 年间入境出版物的来源国(地区)多样性结构变化较大，2003 年来源国(地区)结构较为多元化，其他地区、独联体和东南亚的出版物占据一席之地，其入境数额占入境出版物总额的比重分别为 9.21%、8.39%和 5.44%。2012 年该三大地区的比重下降为 3.96%、0.19%和 2.99%，其中独联体出版物比重下降最快。总之 10 年间，说明入境出版物的来源国(地区)结构多元化程度下降，更多来源欧美、日韩等发达国家。

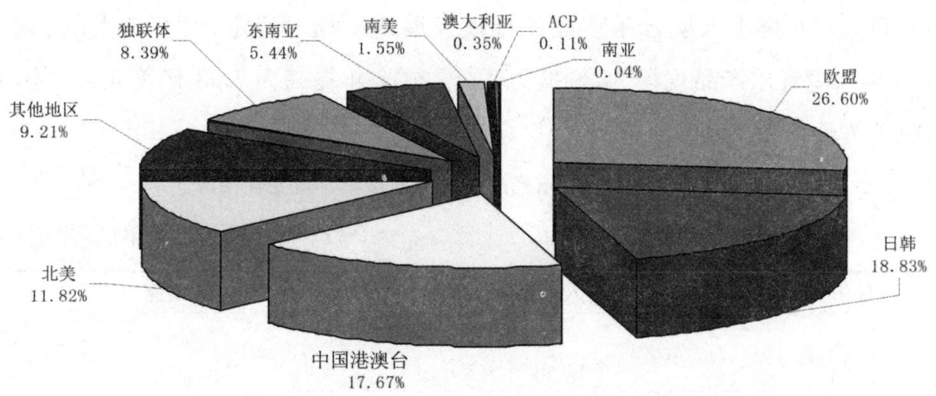

图 2-20　2003 年入境出版物的来源地区结构变化情况

资料来源:UNCTAD 创意经济数据库

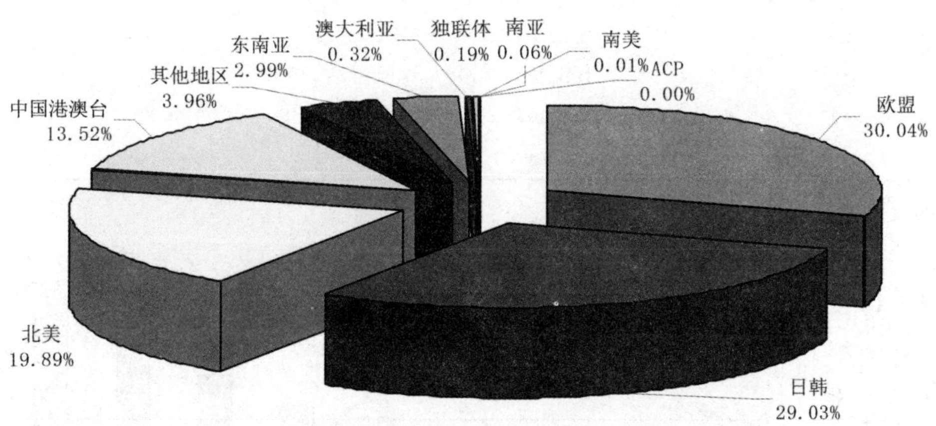

图 2-21　2012 年入境出版物的来源地区结构变化情况

资料来源:UNCTAD 创意经济数据库

四、境外音乐产品贸易进入中国的发展态势

音乐产品的范围取自 UNCTAD 创意产业分类,包括乐器、音乐印刷品等。

(一) 规模演进

1. 境外视听产品的贸易进入规模演变

如表 2-20 和图 2-22 所示,数据显示,境外音乐产品入境规模在 10 年间增长 4.6 倍,平均年增长 51.07%,10 年间一直保持增长势头,仅仅在 2006 年下降6.71%。总体上入境音乐产品的规模发展速度相对稳定,没有较大的起伏,2003年入境音乐产品规模为2908万美元,2012年提高为1.63亿美元。总体上反映了境外音乐产品对国内音乐市场的影响。

表2-20 境外音乐产品贸易输入规模年度变化情况

单位:百万美元

年份	输入规模	年增速
2003	29.08	
2004	38.33	31.82%
2005	46.60	21.55%
2006	43.47	−6.71%
2007	62.08	42.80%
2008	80.80	30.16%
2009	88.10	9.03%
2010	109.28	24.04%
2011	141.95	29.90%
2012	162.74	14.65%

资料来源:UNCTAD创意经济数据库、UN Comtrade

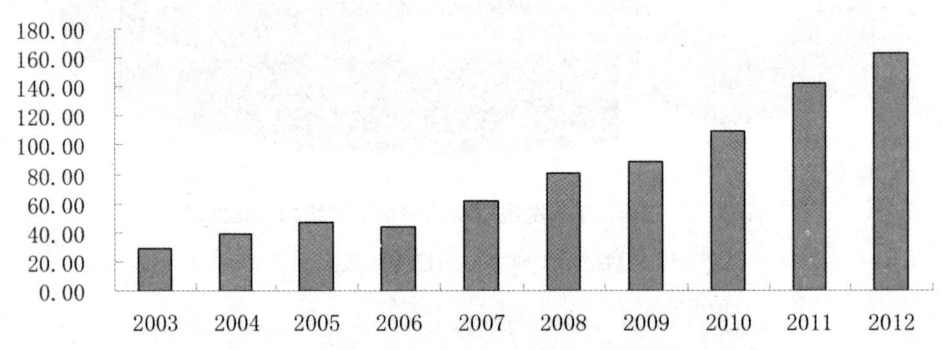

图2-22 境外音乐产品贸易输入规模年度变化情况

资料来源:UNCTAD创意经济数据库、UN Comtrade

2. 境外音乐器械的贸易进入规模演变

国际音乐器械贸易入境规模在2002—2012年间总体呈不断增长的趋势,仅在2006年有小幅的下降,下降速度分别为6.36%,其他大部分年份均呈上升趋势。10年从2003年的2 905万美元增长为2012年的1.63亿美元,增长4.6倍,年平均增长速度为 51.08%(见表 2-21 和图 2-23)。

表 2-21　境外音乐器械贸易输入规模年度变化情况

单位:百万美元

年份	输入规模	年增速
2003	29.05	
2004	38.22	31.54%
2005	46.33	21.22%
2006	43.38	-6.36%
2007	62.02	42.97%
2008	80.58	29.91%
2009	87.89	9.08%
2010	108.91	23.92%
2011	141.65	30.06%
2012	162.62	14.80%

资料来源:UNCTAD 创意经济数据库

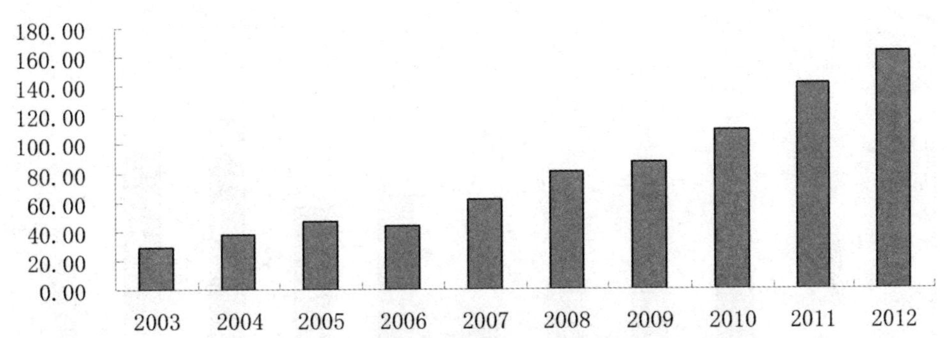

图 2-23　境外音乐器械贸易输入规模年度变化情况

资料来源:UNCTAD 创意经济数据库

3. 境外音乐印刷品的贸易进入规模演变

国际音乐印刷品贸易入境规模起伏较大,2003—2005 年快速增长,年增长速度分别达 347%和 129.89%,在其后的 2006 年和 2007 年又分别下降 66.71%和 40.09%。2008 年恢复增长,增速也达到 321%,2009 年小幅下滑 7.85%,随后 2010 年增长 78.25%,2011 年和 2012 年分别下降 19.16%和 59.17%(见表 2-22和图 2-24)。总体而言音乐印刷品入境规模较小,不足百万美元。

表 2－22　境外音乐印刷品贸易输入规模年度变化情况

单位:百万美元

年份	输入规模	年增速
2003	0.03	
2004	0.12	347.00%
2005	0.27	129.89%
2006	0.09	－66.71%
2007	0.05	－40.09%
2008	0.22	321.67%
2009	0.21	－7.85%
2010	0.37	78.25%
2011	0.30	－19.16%
2012	0.12	－59.17%

资料来源:UNCTAD 创意经济数据库

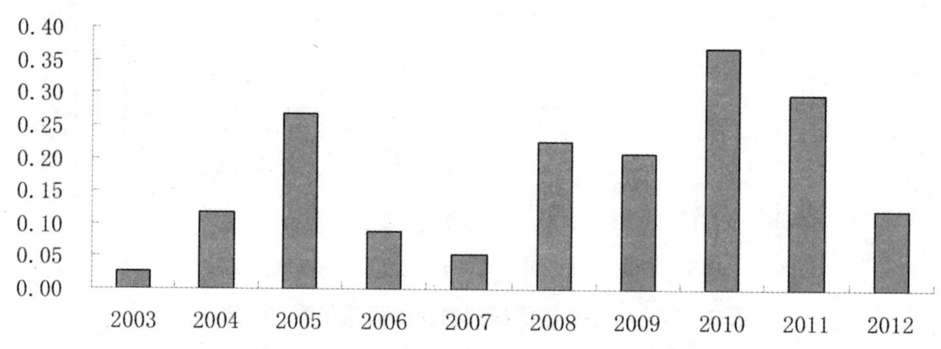

图 2－24　境外图书贸易输入规模年度变化情况

资料来源:UNCTAD 创意经济数据库

(二)结构演进

1. 境外音乐产品贸易输入产品结构演进

入境的音乐产品主要以音乐器材为主,其占入境所有音乐产品总额的 99%以上,而音乐印刷品不足 1%,说明入境的音乐产品以硬件为主,其产品结构在 10 年间没有太大的变化,期间音乐印刷品的比重有轻微的起伏,但是均没有超过1%(见表2-23)。

表2-23　境外音乐产品贸易输入产品结构变化情况

单位:百万美元

年份	音乐器材		音乐印刷品	
	输入规模	比重	输入规模	比重
2003	29.05	99.91%	0.03	0.09%
2004	38.22	99.70%	0.12	0.30%
2005	46.33	99.43%	0.27	0.57%
2006	43.38	99.80%	0.09	0.20%
2007	62.02	99.91%	0.05	0.09%
2008	80.58	99.72%	0.22	0.28%
2009	87.89	99.77%	0.21	0.23%
2010	108.91	99.66%	0.37	0.34%
2011	141.65	99.79%	0.30	0.21%
2012	162.62	99.93%	0.12	0.07%

资料来源:UNCTAD创意经济数据库

2. G20音乐产品贸易输入比重变化

表2-24　G20音乐产品输入规模与比重情况

单位:百万美元

年份	G20音乐产品输入规模	占境外音乐产品输入总额的比重
2003	19.40	66.72%
2004	31.32	81.70%
2005	33.58	72.08%
2006	33.61	77.33%
2007	40.85	65.80%
2008	59.02	73.04%
2009	67.03	76.08%

（续表）

年份	G20 音乐产品输入规模	占境外音乐产品输入总额的比重
2010	92.18	84.35%
2011	129.91	91.52%
2012	153.32	94.21%

注：G20 的样本国选自世界银行数据库 2013 年度 GDP 排名前 20 名的国家（除去中国）

资料来源：UNCTAD 创意经济数据库

G20 音乐产品入境规模逐年提升，同时其占入境音乐产品总额的比重也逐年提升。2003 年 G20 音乐产品入境规模为 1940 万美元，占当年入境音乐产品总额的 66.72%，此后逐年递增，2012 年 G20 音乐产品入境规模达到 1.53 亿美元，其占入境音乐产品总额的比重也提高了 94.21%（见表 2－24 和图 2－25）。说明境外音乐产品输入以发达国家为主，绝大部分贸易输入量为 GDP 排名前 20 经济体贡献。这一定程度反映了发达国家音乐产品对我国音乐产业的影响。

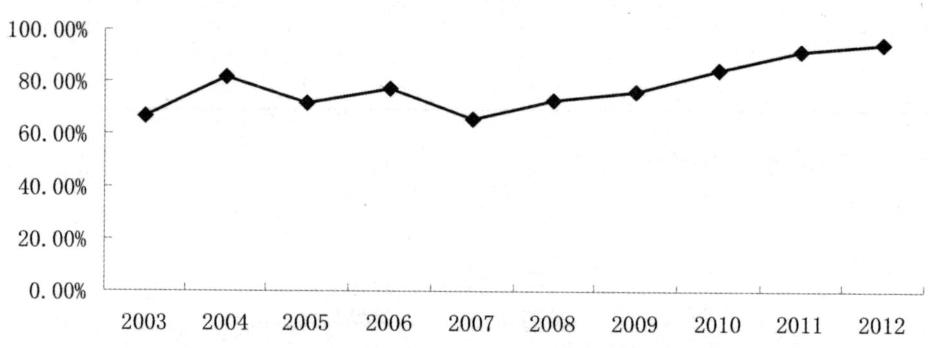

图 2－25 G20 音乐产品输入占入境音乐产品的比重变动情况

资料来源：UNCTAD 创意经济数据库

3. 境外音乐产品来源地区结构演进

表 2－25 入境音乐产品的来源地区结构变化情况

地区＼年份	2003	2004	2005	2006	2007	2008	2009	2010	2011	2012
日韩	50.77%	54.88%	47.28%	51.38%	43.20%	48.06%	50.95%	52.41%	57.03%	52.70%
东南亚	12.53%	4.56%	5.77%	5.59%	4.14%	5.04%	5.39%	11.52%	17.13%	22.97%
欧盟	12.88%	21.39%	18.60%	18.11%	20.85%	18.07%	18.37%	17.91%	15.96%	17.40%
北美	2.08%	2.49%	3.66%	3.84%	2.41%	3.58%	3.14%	4.69%	3.83%	3.67%

（续表）

年份 地区	2003	2004	2005	2006	2007	2008	2009	2010	2011	2012
其他地区	16.25%	12.17%	20.44%	17.15%	26.27%	22.99%	19.69%	11.50%	4.21%	1.72%
中国港澳台	5.45%	4.39%	4.10%	3.78%	2.83%	2.05%	2.33%	1.66%	1.73%	1.43%
南亚	0.02%	0.01%	0.05%	0.12%	0.14%	0.20%	0.07%	0.03%	0.05%	0.04%
澳大利亚	0.02%	0.07%	0.03%	0.01%	0.14%	0.00%	0.00%	0.08%	0.03%	0.04%
ACP	0.00%	0.02%	0.04%	0.02%	0.01%	0.00%	0.03%	0.14%	0.02%	0.03%
独联体	0.00%	0.01%	0.00%	0.00%	0.00%	0.00%	0.01%	0.00%	0.01%	0.01%
南美	0.00%	0.01%	0.02%	0.00%	0.00%	0.00%	0.01%	0.06%	0.01%	0.00%

（ACP指非洲、加勒比和太平洋国家集团；北美包括美国、加拿大、墨西哥；欧盟指EU27国；南美指南美洲国家联盟；东南亚指东南亚国家联盟各国；南亚指南亚各国包括印度；独联体指独立国家联合体（Commonwealth of Independent States — CIS）各国。）

资料来源：UNCTAD创意经济数据库

在10年间入境音乐产品的主要来源国（地区）/地区分别为日韩、东南亚和欧盟三大地区，2003年三大地区入境出版物占入境出版物总额的比重依次为50.77%、12.53%和12.88%，而2012年比重依次为52.70%、22.97%和17.40%（见表2-25和图2-26、图2-27），由此可见日韩比重保持稳定，而东南亚和欧盟的比重均在提高。

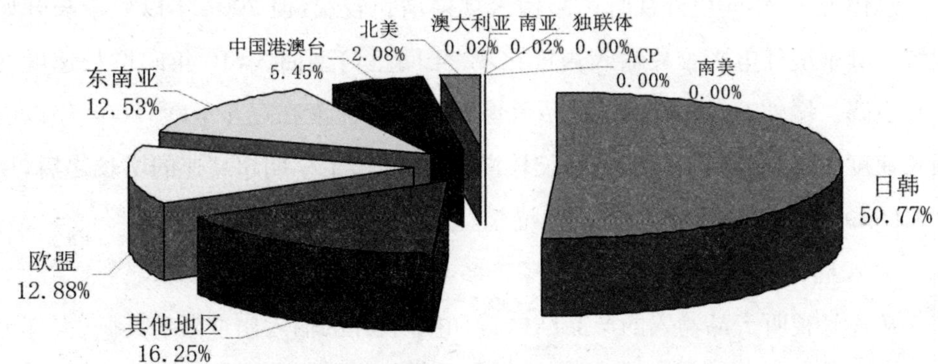

图2-26 2003年入境音乐产品的来源地区结构变化情况

资料来源：UNCTAD创意经济数据库

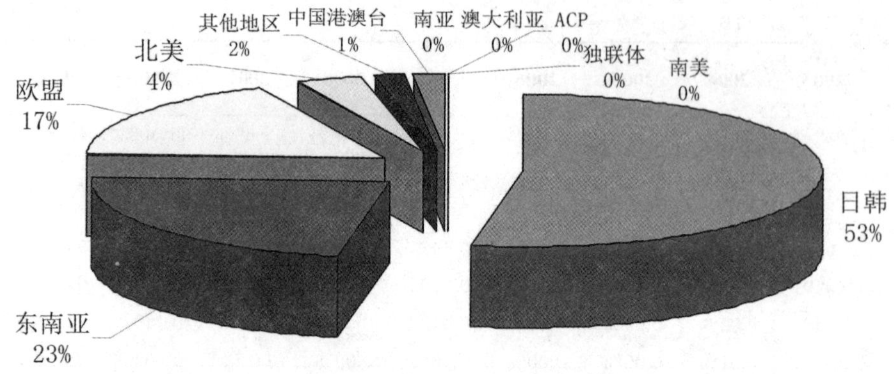

图 2-27　2012 年入境音乐产品的来源地区结构变化情况

资料来源：UNCTAD 创意经济数据库

五、境外资本贸易模式进入中国传媒产业研究小结

通过对境外资本贸易进入模式的规模、速度变化、产品结构和来源国(地区)结构等方面的研究，可以得到以下结论。

(一) 视听产品贸易入境

1. 国际视听产品入境规模高速增长但速度在逐步放缓

总体上 10 年间境外视听产品输入规模增长较快，但 2007 年以后增长开始放缓。其中境外电影胶片输入规模在 10 年间呈∩型曲线，10 年间增长速度在逐年下降。境外 CD、DVD 等产品贸易的年增长速度在逐步放缓，2007 年以前增长速度较高，而 2008 年以后增长较慢，说明经历了早期超高速的增长之后，境外 CD、DVD 等产品贸易输入规模增长趋于停滞。

2. 入境视听产品以 CD、DVD 等产品为主，电影胶片比重很低

从境外视听产品输入的产品结构看，电影胶片的输入比重微乎其微，大部分年份不足 1%，境外视听产品输入的产品类别绝大部分为 CD、DVD、Tapes 等，其比重超过 99%。

3. 入境视听产品的来源地区结构变化大

2102 年境外视听产品贸易输入的来源地区主要为东南亚、北美、欧盟、港澳台、日韩五大地区，这五大地区的视听产品输入比重合计高达 96%以上。境外

视听产品输入国家越来越多，而不仅仅局限于世界发达国家范围。10 年间，欧美和日韩的视听产品入境占入境视听产品总额的比重在下降，东南亚的比重则快速提高，成为入境视听产品的最主要来源国(地区)。

(二) 新媒体产品

1. 入境新媒体产品规模高速增长但速度在逐步放缓

总体上 10 年间境外新媒体产品输入规模增长较快，但是近 5 年增长较为乏力，增长速度放缓。境外视频游戏产品贸易输入规模远远不及数字录制产品的境外输入规模，在 10 年间发展较快，并且起伏较大。同样境外数字录制产品贸易输入规模在 10 年间发展较快，但在近 5 年来发展相对平缓。

2. 入境新媒体产品以数字录制等为主，视频游戏比重很低

总体上可以认为境外新媒体产品贸易输入以数字录制为主，视频游戏比重较低，在大部分年份比重均低于 20%，在 2009—2011 年甚至低于 10%。

3. 入境新媒体产品的来源地区结构多元化程度高

境外新媒体产品输入并非以发达国家为主，近 3/4 的贸易输入量为 GDP 排名靠后的国家或地区贡献。近年来境外新媒体产品的来源国(地区)结构越来越多元，输入国家越来越多，而不仅仅局限于世界发达国家范围，并且其多元化程度远远超过境外视听产品。中国新媒体市场更多的受到港澳台、日韩以及更多的欠发达地区产品的影响。

(三) 出版物

1. 入境出版物规模增长相对较慢

总体上 10 年间国际出版物入境规模逐年增长，与视听产品和新媒体产品入境规模相比，其增长速度相对平缓。国际图书贸易入境规模，年增长速度相对平缓，起伏不大，同样报纸期刊入境规模增长幅度较小。

2. 入境出版物的产品结构变化较大

总体上图书入境的比重相对稳定，而报纸期刊下降速度较快，其他类出版物的入境比重在上升，这一趋势可能与世界范围内的产业技术变化有关，电子媒体的兴起，导致纸质报纸和期刊的衰落。

3. 入境出版物的来源地区以发达国家为主并且集中度仍在提高

境外出版物输入以发达国家为主，超过 3/4 的贸易输入量为 GDP 排名前

20 经济体贡献，这一定程度反映了发达国家出版物对我国出版产业的影响。10 年间入境出版物的来源地区多样性结构变化较大，2003 年来源国(地区)结构较为多元化，其他地区、独联体和东南亚的出版物占据一席之地，而 10 年后入境出版物的来源地区多元化程度下降，次要地区比重不断下降，更多来源欧美、日韩等发达国家。

总体上入境音乐产品的规模较小，发展速度相对稳定，没有较大的起伏。入境的音乐产品以硬件为主，其产品结构在 10 年间没有太大的变化。境外音乐产品输入以发达国家为主，绝大部分贸易输入量为 GDP 排名前 20 经济体贡献。

第三章

境外资本契约模式进入中国传媒产业的演变与趋势分析

契约模式是境外资本进入中国传媒产业的重要方式之一，境外企业通过与中国的法人实体（主要为传媒类组织）签定长期的非权益性合同，实现传媒产品、技术或人力从境外转移到中国。契约模式与贸易模式类似，降低了境外资本进入中国的成本和风险，规避了政策的限制，实现了快速的市场扩张，是境外资本入境更为偏好的方式。但是相对贸易模式，契约模式一定程度上增加了境外企业技术溢出的可能性和跨国管理的风险，是国际化经营更高层次的模式。在传媒产业中，契约模式主要类型包括版权转让协议、许可证贸易、特许经营、管理合同、服务合同等。本部分主要研究境外版权与许可费服务进入、信息服务进入以及品牌合作协议三种类型的发展态势。

一、入境版权与许可费服务的发展态势

版权与许可费服务是境外资本进入中国的主要模式之一，譬如在出版产业中，国家政策相对鼓励单一项目的合作，大型国际出版集团往往控制大量高质量的出版物版权，国内出版社通过与进行版权转让获得内容授权。目前培生集团、哈佛商学院出版社、汤姆森教育集团、施普林格等国际巨头均与中国内地出版企业建立版权合作协议。

（一）入境规模发展态势

表 3-1 境外版税和许可费服务进入规模年度变化情况

单位：百万美元

年份	RLFS 入境总额
2003	3 548.13
2004	4 496.6
2005	5 321.25
2006	6 634.08
2007	8 192.07
2008	10 319.5
2009	11 065.3
2010	13 039.5
2011	14 706.11
2012	17 748.98

注：版税和许可费服务（Royalties and licence fees service）以下均用 RLFS 代表。

从境外版税和许可费服务进入规模年度变化情况来看（见表 3-1 和图 3-1），版税和许可费服务入境规模在 10 年间高速发展，2003 年仅为 35.48 亿美元，2008 年规模就增长为 103.19 亿美元，5 年内即翻了两番，此后 5 年中进一步高速增长，2012 年达到 177.49 亿美元，10 年间增长了 4 倍，平均年增长速度 44.47%。版税和许可费服务进入规模与境外贸易进入规模不同，规模绝对值远远超过贸易进入规模，并且在 10 年间一直保持增长势头，起伏较小，并且从未下降过。

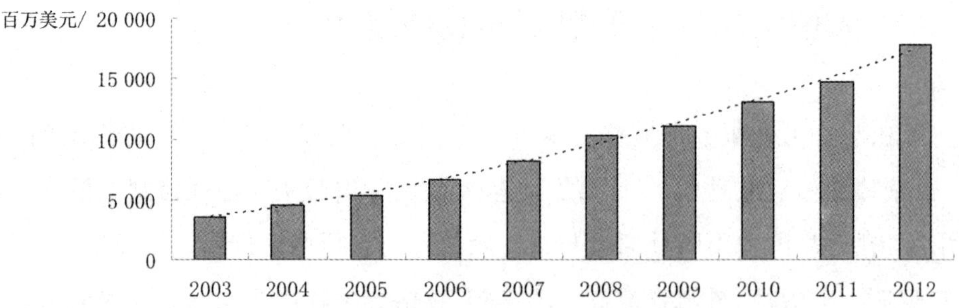

图 3-1 境外版税和许可费服务进入规模年度变化情况

资料来源：UNCTAD 创意经济数据库、UN Comtrade

（二）入境规模发展速度

表 3－2　境外版税和许可费服务进入规模增速变化情况

年份	中国入境 RLFS 规模增速	世界各国 RLFS 输入规模平均增速
2003	—	—
2004	26.73%	21.65%
2005	18.34%	10.37%
2006	24.67%	4.57%
2007	23.48%	14.69%
2008	25.97%	24.76%
2009	7.23%	4.56%
2010	17.84%	8.05%
2011	12.78%	9.86%
2012	20.69%	−6.43%

资料来源：UNCTAD 创意经济数据库

与世界各国 RLFS 平均增速相比，中国入境版税和许可费服务规模增长较高，在 10 年间从未低于过世界平均水平。如表 3－2 和图 3－2 所示，2004 年中国入境版税和许可费服务规模年度增速为 26.73%，2005 年有小幅下降，为 18.34%，随后三年中，2006 年、2007 年和 2008 年增速均超过 20%。2009 年增速下降较快，为 7.23%，随后三年中，2010 年、2011 年和 2012 年入境规模增速逐步恢复到 20%以上。期间进入中国的版税和许可费服务规模增速远远超过世界平均增速，世界平均增长速度在 10 年间起伏较大，2012 年出现下降，下降速度为 6.43%，而同期进入中国的版税和许可费服务规模增速为 20.69%。

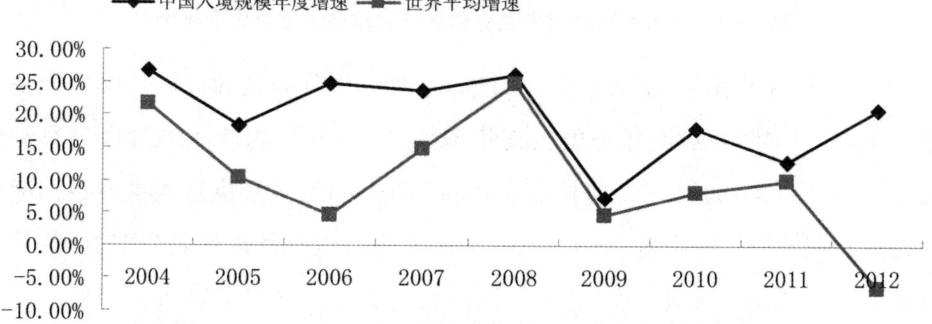

图 3－2　境外版税和许可费服务进入规模增速变化情况

资料来源：UNCTAD 创意经济数据库

（三）占国际版税和许可费服务流出总额的比重

表 3-3 进入各国的国际版税和许可费服务国际占比变化情况

年份	中国	美国	英国	德国	日本
2003	3.02%	16.41%	6.69%	4.54%	9.36%
2004	3.15%	16.60%	6.42%	4.09%	9.55%
2005	3.38%	16.23%	6.00%	5.44%	9.29%
2006	4.03%	15.20%	5.79%	5.67%	9.41%
2007	4.34%	14.01%	4.66%	5.93%	8.82%
2008	4.38%	12.57%	4.48%	5.48%	7.76%
2009	4.49%	12.70%	3.40%	7.21%	6.83%
2010	4.90%	12.55%	3.19%	4.96%	7.05%
2011	5.03%	12.52%	3.64%	4.50%	6.55%
2012	6.48%	15.34%	2.98%	4.45%	7.28%

资料来源：UNCTAD 创意经济数据库

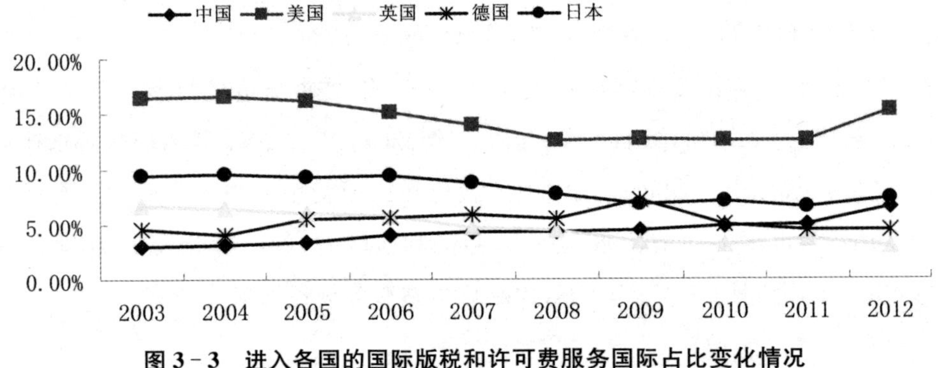

图 3-3 进入各国的国际版税和许可费服务国际占比变化情况

从表 3-3 和图 3-3 可以看出，进入中国的境外版税和许可费服务规模不断扩大，其占国际总额的比重也在逐年增加，2003 年中国流入额占世界总额的比重仅为 3.02%，2012 年即增长为 6.48%，即说明 2012 年度进入世界各国版税和许可费服务的总额中有 6.48%流入中国。同时观察各国比较数据发现，美国虽然是世界知识产权最大出口国，但同时流入美国的版税和许可费服务比重也很高，而流入中国的比重已远远超过英国和德国，说明境外资本通过版税和许可费服务进入中国的方式在不断增长，而输入英美德日等发达国家的版税和许可费服务反而在下降。

（四）入境版税和许可费服务的来源国（地区）结构

表 3－4　进入中国的国际版税和许可费服务各国市场份额情况

年份	美国	日本	英国	德国	法国	荷兰	瑞典
2003	49.66%	10.73%	8.81%	3.92%	3.54%	7.84%	3.84%
2004	47.51%	11.11%	8.34%	3.91%	3.64%	7.67%	4.62%
2005	46.75%	11.06%	8.35%	4.44%	3.92%	6.43%	5.40%
2006	48.19%	11.60%	8.38%	4.02%	3.59%	5.94%	4.61%
2007	47.86%	11.36%	7.96%	4.13%	4.33%	6.72%	4.56%
2008	44.39%	11.17%	6.38%	4.78%	4.84%	8.54%	4.95%
2009	41.71%	9.18%	5.83%	7.61%	5.94%	8.81%	6.32%
2010	42.17%	10.50%	5.57%	5.80%	5.17%	9.68%	6.51%
2011	41.83%	10.06%	4.91%	4.96%	5.44%	10.68%	6.76%
2012	46.38%	11.88%	4.24%	5.00%	4.75%	11.06%	—

资料来源：UNCTAD 创意经济数据库

由于 UNCTAD 创意经济数据库并未披露各国间的版税和许可费服务贸易金额，因此难以直接分析进入中国版税和许可费服务的来源国（地区）。本研究主要通过分析世界范围内各国版税和许可费的国际市场份额，大体了解入境中国的来源国（地区）结构变化。从表 3－4 来看，在世界版税和许可费出口市场中，欧美、日本等发达国家占据了最主要的市场地位，表中 7 国占据国际版税和许可费贸易市场接近 90%的市场份额，其中美国是国际版税和许可费的头号出口大国，其次是日本，其后依次是荷兰、瑞典、德、英、法等欧盟国家。由此可以认为进入中国版税和许可费服务的来源国（地区）主要为美国和日本，其次为一些欧盟发达国家。

二、境外服务合同进入中国的发展态势

服务合同也是境外资本进入中国传媒产业的方式之一，传媒产业的服务合同主要表现是通过信息、技术服务方式进入。

（一）入境规模发展态势

本部分主要应用UNCTAD创意经济数据库中计算机与信息服务含计算机服务、信息服务和其他信息文化三类数据。从境外信息、技术服务进入中国规模年度变化情况来看，其入境规模远远不及版税和许可费服务入境规模，在10年间快速发展，2003年仅为10.36亿美元，2008年规模就增长为31.65亿美元，5年内增长了2倍，此后5年中增长放缓，2012年达到38.43亿，10年间增长了2.8倍，平均年增长速度30%。信息、技术服务进入规模与境外传媒贸易进入规模相似，经历前5年的快速增长之后，在最近5年中增速开始放缓（见表3-5和图3-4）。

表3-5　境外信息、技术服务进入中国规模年度变化情况

单位：百万美元

年份	入境总额
2003	1 035.81
2004	1 252.75
2005	1 619.94
2006	1 738.85
2007	2 208.07
2008	3 165.13
2009	3 232.57
2010	2 965.38
2011	3 844.14
2012	3 843.18

资料来源：UNCTAD创意经济数据库

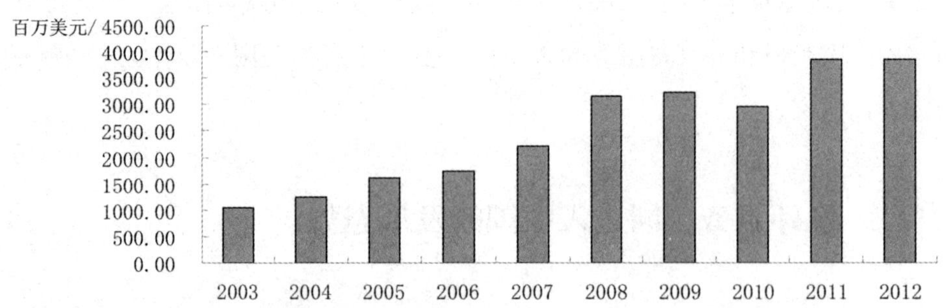

图3-4　境外信息、技术服务进入规模年度变化情况

资料来源：UNCTAD创意经济数据库、UN Comtrade

（二）入境规模发展速度

与世界各国信息、技术服务流入平均增速相比，中国入境信息、技术服务规模增速相对较高，起伏较大，但在 10 年间大部分年份高过世界平均水平。2004 年中国入境版税和许可费服务规模年度增速为 20.94%，2005 年增速提高为 29.31%，2006 年下降为 7.34%，2007 年和 2008 年高速增长，增速分别为26.98% 和 43.34%，2009 年增速又下降为 2.13%，2010 年更是下降速度为 8.27%，2011 年快速反弹为 29.63%，2012 年小幅下降。中国入境信息、技术服务规模年度增速在 2006 年和 2010 年低于世界平均水平（见表 3－6 和图 3－5）。

表 3－6　境外信息、技术服务进入规模增速变化情况

年份	进入中国规模年增速	世界各国输入规模平均增速
2003	—	—
2004	20.94%	19.21%
2005	29.31%	19.63%
2006	7.34%	18.33%
2007	26.98%	22.36%
2008	43.34%	18.40%
2009	2.13%	—0.70%
2010	—8.27%	6.43%
2011	29.63%	11.45%
2012	—0.02%	—21.36%

资料来源：UNCTAD 创意经济数据库

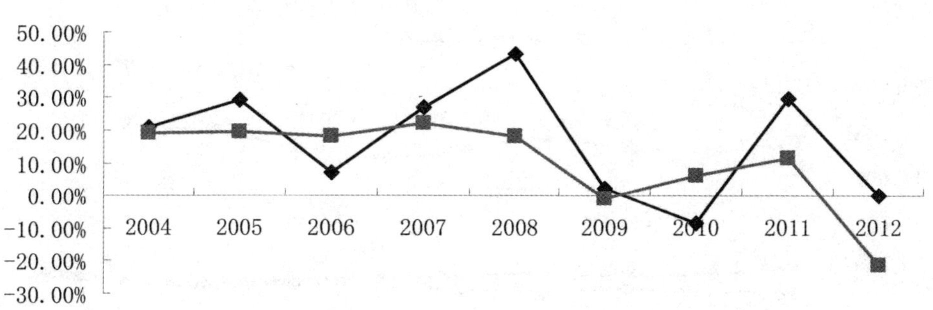

图 3－5　境外信息、技术服务进入规模增速变化情况

资料来源：UNCTAD 创意经济数据库

（三）各国流入额占国际信息、技术服务流出总额的比重

从表 3－3 和图 3－6 可以看出，进入中国的境外信息、技术服务规模不断扩大，其占国际总额的比重也在逐年增加，2003 年中国流入额占世界总额的比重仅为 2.52%，2012 年即增长为 4.12%，即说明 2012 年度进入世界各国信息、技术服务的总额中有 4.12%流入中国。同时观察各国比较数据发现，美国虽然是世界知识产权最大出口国，但同时流入美国的信息、技术服务比重也很高。与版权进入不同的是，流入中国的信息、技术服务占世界总额的比重已远远低于英德日等发达国家，这可能与我国在信息服务等产业的政策限制有关。

表 3－7　各国流入额占国际信息、技术服务流出总额的比重变化情况

年份	中国	美国	英国	德国	日本
2003	2.52%	18.51%	7.11%	17.65%	5.10%
2004	2.55%	17.62%	6.93%	16.56%	4.46%
2005	2.76%	18.06%	6.84%	14.64%	4.16%
2006	2.50%	19.35%	6.77%	13.31%	4.50%
2007	2.60%	17.79%	6.49%	13.94%	4.24%
2008	3.15%	16.80%	6.38%	13.71%	3.94%
2009	3.24%	18.23%	6.24%	12.56%	3.78%
2010	2.79%	19.84%	6.22%	13.38%	3.36%
2011	3.24%	20.71%	5.40%	13.78%	3.56%
2012	4.12%	—	7.14%	18.17%	4.83%

资料来源：UNCTAD 创意经济数据库

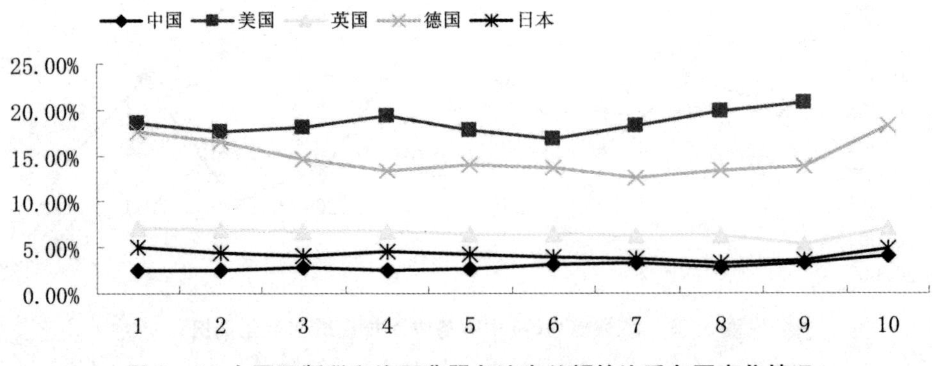

图 3－6　占国际版税和许可费服务流出总额的比重各国变化情况

（四）中国入境信息、技术服务的来源国（地区）结构

由于UNCTAD创意经济数据库并未披露各国间的信息、技术服务贸易金额，因此难以直接分析进入中国信息、技术的来源国（地区）。本研究主要通过分析世界范围内各国信息、技术的国际市场份额，大体了解入境中国的来源国（地区）结构变化。从表3-8来看，在世界信息、技术服务出口市场中，欧美、以色列和印度占据了最主要的市场地位，表中7国占据国际版税和许可费贸易市场接近70%的市场份额，其中印度2012年成为是国际信息、技术服务的头号出口大国，其次是爱尔兰，其后依次是德国、英国、美国、以色列和荷兰等国家。由此可以认为进入中国信息、技术服务的来源国（地区）与版权服务不同，各国份额比较分散，其结构更为多元化。

表3-8　国际信息、技术服务各国市场份额情况

年份	美国	爱尔兰	印度	以色列	英国	德国	荷兰
2003	11.23%	19.41%	11.71%	4.66%	11.13%	9.14%	4.27%
2004	9.26%	19.98%	12.93%	4.69%	11.98%	8.59%	3.93%
2005	9.00%	18.69%	15.34%	4.32%	10.33%	8.03%	3.56%
2006	7.97%	18.15%	16.89%	4.18%	9.78%	7.88%	3.91%
2007	7.65%	18.97%	17.53%	3.71%	8.97%	8.07%	4.08%
2008	6.73%	17.93%	18.39%	3.51%	6.91%	7.95%	3.43%
2009	7.25%	17.88%	17.09%	3.67%	6.76%	7.84%	3.22%
2010	6.62%	17.49%	19.05%	3.68%	6.40%	7.83%	2.98%
2011	6.47%	18.45%	18.20%	3.97%	6.13%	7.76%	2.63%
2012	—	20.54%	20.71%	4.96%	6.30%	8.49%	2.69%

资料来源：UNCTAD创意经济数据库

三、境外资本品牌合作进入中国的发展态势

品牌合作是契约进入的重要方式，不涉及任何资本与股权交易，其与版权转让、特许经营、服务合同的差异更多体现在品牌合作的综合性上，品牌合作往往涉及更多管理性的合作。如美国迪士尼公司与中国海虹控股合作的方式，就属

于这种模式。

(一) 境外资本品牌合作模式发展的分水岭

2001年3月5日,美国迪士尼互联网集团与海虹控股(深交所0503)签订了正式合作协议,共同开发中国互联网市场。根据协议,海虹将独家经营迪士尼中文网站(Disney. com.cn)及迪士尼网上收费频道BLAST的内容。迪士尼中文网站将涵盖迪士尼英文网站的全部精华,包括娱乐、游戏、游乐、家庭和度假等频道;DISNEY BLAST收费频道除原有内容外,还将增加由双方合作共同开发的网上英语教学内容。迪士尼互联网集团同时授权海虹在中国境内独家经营迪士尼中文网站及迪士尼收费频道的所有网上广告业务。目前的合作形式是海虹出钱,迪士尼出品牌和技术,双方实际上一买一卖的关系,是一种策略联盟。

目前外资媒体与国内电视台合作,经营方式主要有两种:收取版权费和换取广告时间。省级以上的电视台付版权费的方式居多,而地方电视台和有线台大都以广告时间来交换。维亚康姆在2000年初正式兼并CBS(哥伦比亚广播公司)后,成为全球规模最大、最具影响力的娱乐传媒业领导者。早在1995年,维亚康母通过旗下的MTV全球网就以开展节目交换的形式进入中国,目前与一些地方电视台合作开办了四档节目,每周播出时间为16个小时,超过38家电视台播放,观众达到4 000万。电影行业则更多以合作拍片为主要的品牌合作形式,境外资本主要通过资金、技术和人员等形式进入内地。

2005年2月,国家广电总局向各省、自治区、直辖市广播影视局(厅)发出《关于实施〈中外合资、合作广播电视节目制作经营企业管理暂行规定〉有关事宜的通知》补充规定:每家外资传媒公司只能在中国建立一家合资公司,再次明确把"频道经营"划为外资企业进入中国的"禁区",外资机构不能选择国内的电视节目播出机构作为合作方,不能参与境内电台、电视台的经营业务,并严禁外资机构假借合作引进境外频道和节目。在中国控股51%以上或中方占有主导地位的条件下,《意见》允许外资以合资、合作的方式设立和经营电影院、电影技术等企业,禁止外商投资设立和经营电影制作公司、电影进口和发行及录像放映公司。

2005年之后,外资并未中断与国内传媒机构的接触,其中多数为影视内容的合拍合作，部分外资则以广告经营代理的方式变相获得个别电视台的内容经营合作，其处理方式异常谨慎。较为典型的例子即为美国时代华纳公司，其影院投资建设业务由于政策的收紧而戛然而止，在2005年11月7日发表的《媒体声明书》中，华纳公司坦陈："由于政策的重大变化，我们非常遗憾地停止了在中国影院市场的投资。"

鉴于此，本研究在征询国家电影局市场管理处以及北京、上海、广东三地部分电影业内专家的意见和建议之后，研究决定依照三大要素进行研究对象的具体认定，即研究对象必须是：①具有公开或半公开境外资本背景；②在大陆地区依法注册成立；③在最近三年中持续或阶段性地经营电影及相关业务的企业。通过调查资料分析进入中国电影产业的境外资本的主要形式和入境资本所取借的主要市场进入模式。

基于研究对象的界定原则，本部分主要选取电影产业的境外资本为研究对象。并于2012年6月2日至10月25日对31家电影企业进行了问卷调查。[①] 样本回收后，经二度甄别后的有效样本数为25个（其中港资背景企业11家，美资背景企业10家，日资背景企业1家，韩资背景企业2家，欧盟国家背景企业1家），问卷回收率达81%，符合研究规范。同时，本研究深度访谈的对象为有效样本中的7家企业的负责人，以及多位业界资深人士，后者亦为本研究无偿提供了不少有价值的研究文本。

（二）境外资本品牌合作的来源国（地区）结构

通过针对受访企业问卷调查的数据分析，研究发现：香港（23家）、美国（11家）是目前涉足中国电影产业的主力军，韩国（3家）、日本（1家）与欧盟国家（1家）其次。各国资本的投资领域各有侧重，港资侧重于"渠道运营"和"内容生产"两大领域；美资侧重于"内容生产"领域；韩资和日资则不约而同地侧重于"渠道运营"，如表3-9所示。

---

① 鉴于受访企业要求，在本研究中对于相关企业及品牌不予具名。

表 3-9 入境资本的主要来源国(地区)及流向

来源国(地区)	资本流向[①]	企业数量(家)	占比
中国香港	内容生产	8	21%
	渠道运营	10	26%
	市场营销	5	13%
美国	内容生产	7	18%
	渠道运营	2	5%
	市场营销	2	5%
韩国	渠道运营	2	5%
	内容生产	1	3%
日本	渠道运营	1	3%
欧盟	渠道运营	1	3%

注:本表企业数量总和大于受访企业($n=25$)总和系因每家企业进入产业的主营业务存在多项性。

上述结果直观地反映出资本流出的内部动力也源自该国(地区)与中国的文化接近度,抑或自身的产业成熟度。

事实上,香港自2000年以来,电影制片总量和市场容量均呈现相伴性萎缩,数据显示"2007年时全年只有51部电影,港产片票房总额只有2.75亿港元,而1982年的时候香港全年港产片总票房就已经达到4亿港元[②]"。2003年6月《内地与香港关于建立更紧密经贸关系的安排》(CEPA协议)为"港人北漂"和"港资北上"开启了产业之窗。调查显示:时隔10年,来自香港的产业资本和电影人已经在大陆地区的电影制片、内地院线及代理海外发行、影院建设与管理等诸多领域均有涉足,且不乏建树。

韩国电影在20世纪90年代以来,依托韩国政府、商业财团(现代、大宇、三星等)和风险投资体系的支撑高歌猛进,不但收复了长期被好莱坞占据的本国市场,"还开始逐步占领港台电影衰退之后所遗失的市场"[③]。目前,韩国几大影业

---

① 依权重降序排列。

② 杨莲洁.香港本土电影出现重生迹象,坚持中找突破[N].北京晨报,2010年9月19日.

③ 李文颖.外国影业发展对中国电影的启示[J].中国电影市场,2012(3):23.

公司均已在中国开展各项业务，在影院建设方面的表现尤其突出，韩国最大的影院管理公司CGV(CJ集团旗下上市分公司)在中国11个城市的影院数量在2013年将突破17家[①]。

与日本、印度(宝莱坞)市场颇为相似，韩国自给自足性(即本地影片坐拥本地市场，且市场份额大于境外影片)以及中国引进片的既定市场取向(卖座的好莱坞大片为主，辅以有市场前景的“非美片”)等诸多因素使得其资本流向主要集中在渠道运营领域，从资本管理角度而言，韩国、日本两个国家也具有一定的地缘优势。

美国资本的进入是在好莱坞全球性扩张和跨国文化传播的战略主导下进行的，而“入世”以来对于“好莱虎”的防控策略和机制也是中国政府、电影界、学术界人士最为关注的高频议题，特别是在2012年2月18日，中美就解决WTO电影相关问题达成协议之后。基于强大的产业背景，美国资本进入中国电影业的路径显现出两大特征，即产业核心价值的主导性和投资系统的多元性。

(三)境外资本品牌合作的价值链分布

所谓产业核心价值主导型是指好莱坞及MPAA(美国电影协会)更倾心于针对中国内陆市场的直接性贸易输出，产业核心技术的协作并不多见。与此同时，其针对中国电影产业的投资系统却充满开放性，私募基金、风险投资、金融市场等概念从未离开过中国电影人的视野。

而来自欧盟国家和地区，以及亚洲日本、台湾等国家和地区的境外资本只在近两年来呈现不甚明显的上升趋势，属于入境外资的第二梯队。

调查数据进一步显示：从行业层面上看，境外资本在中国电影产业内的布局呈现“哑铃状”态势，产业链上游的内容生产领域、产业链下游的渠道运营领域的涉足比率均超过四成，而产业链中游的市场营销领域尽管开放较早，但较之前二者的占比仍略显逊色(见表3-10)。

---

① CGV国际影城官网，http://www.cgvxingx—olympic.com/

表 3-10　境外资本进入中国电影产业的价值链分布

产业领域	业务描述	企业数量	占比
产品生产	电影片的投资、制作或相关服务	16	41%
市场营销	电影片的宣传、发行或相关服务	7	18%
渠道运营	电影院的改造、兴建或相关服务	16	41%

注：本表企业数量总和大于受访企业（$n=25$）总和系因每家企业进入产业的主营业务存在多项性。

（三）境外资本品牌合作的资本形式

关于“资本”(capital)有诸多定义，例如在经济学意义上，资本指的是用于生产的基本生产要素，即资金、厂房、设备、材料等物质资源。在金融学和会计领域，资本通常用来代表金融财富，特别是用于经商、兴办企业的金融资产。广义上，资本也可作为人类创造物质和精神财富的各种社会经济资源的总称。

而本研究则将入境资本置于“产业资本”(Industrial Capital)理论框架下予以分析。所谓产业资本是指在资本的循环运动中，依次采取货币资本、生产资本和商品资本形式，接着又放弃这些形式，并在每一种形式中完成着相应职能的资本。产业资本在循环的不同阶段采取三种不同的职能形式。

第一种形式是货币资本。货币形式的资本执行的只是货币的职能，即执行购买手段和支付手段的职能。这种货币的职能之所以会成为资本的职能，是因为资本家所购买的是能执行生产资本职能的商品，即生产资料和劳动力。

第二种形式是生产资本。生产资本的职能，就是保存和转移生产资料的旧价值，再生产出劳动力商品的价值和由剩余劳动创造的剩余价值。

第三种形式是商品资本。资本的商品形式和一般的商品在实物形态上毫无差别，它们不外乎是为市场而生产的生产资料和消费品。商品能够执行资本的职能，只是由于在流通开始以前它已经现成地从生产过程中取得了资本的性质。商品资本必须执行商品的职能，使商品的价值实现，再转化为原来的货币形式。

必须强调的是，货币资本、生产资本和商品资本是产业资本在资本循环中依次采取的三种形式，而不是独立的三种资本，只是在产业资本运动中执行不同的经济职能而已。所以，在针对境外资本的研究过程中，产业资本的理论视角将有利于把握资本形式的动态特征。

随着中国电影市场化、资本化程度的日益提升，产业融资渠道一改单一面孔而愈显多元宽广。就近年国内电影产业的融资而言，主要包含有非商业性的“政府资助”、“电影资助基金”以及商业性的“公开发行股市”、“个人及其他形式”、“私募和股权融资”、“版权预售”、“金融行业贷款”、“风险投资”、“植入广告”等 9 种渠道。

上市融资方面，继 2009 年橙天娱乐在香港借香港嘉禾之壳成功上市并更名橙天嘉禾之后，博纳国际也于 2010 年成功登陆纳斯达克。这无疑为海外资金通过证券市场流入中国电影产业开辟了新通路。

个人及其他形式方面，典型案例为香港资深电影人吴思远投资的 UME 影院，目前在内地共有 19 家影院，分布在北京、上海、广州、重庆、杭州、成都、南京、南通、嘉兴、石家庄等多个城市。

基金投资方面，有专家发现“目前国内主要影视基金有 18 支之多[①]”，由于基金投资具有国际化、专业化背景，18 支基金中超过八成的基金或多或少都不乏境外资本的身影。基金投资主要有两类模式：第一是投资独立或打包的电影项目，“一壹电影基金和韦恩斯坦亚洲电影基金主要以投资电影项目为主”[②]；第二是投资电影公司的股权，如红杉资本以投资人身份参与了博纳国际的融资。

版权预售方面，虽然近年来各大国际影展上总不乏国产大片“海外预售可喜”、“已收回投资成本”等重大利好，“然而事实是，除了香港电影长期经营的东南亚市场是一种健康的‘出口’形态外，欧美国度里若干个案的成功，其实只是欧美片商从制作阶段就开始介入，并由其操作的‘进口贸易’。”[③]

电影公司自有资金方面，主要集中在好莱坞、韩国等大型电影公司对国内的合拍片项目中出现频繁，近年来合拍片数量增长比率均保持在 10%左右，亦涌现了《劳拉的星星在中国》(中德美)、《功夫梦》(中美)、《寻龙夺宝》(中澳)、《雪花

---

① 彭侃. 影视基金“游击”[N]. 综艺报，9 月 24 日：第 36—37 页.

② 艺恩咨询. 2010—2011 年中国电影产业研究报告[C]. 第 48 页.

③ 时光网特稿. 中国电影出口：被夸饰和被误会的小买卖[L]. http://news.mtime.com/2011/09/27/1471514.html.

秘扇》(中美)、《晚秋》(中韩)、《金陵十三钗》(中美)、《环形使者》(中美)等银幕佳作。同时,与部分国家的合拍项目也获得了来自该国电影资助资金的有限补贴,例如动画电影《劳拉的星星在中国》因在中国上映即获得德国公共电影基金补助。

作为电影投资重要管道的银行投资自2006年香港渣打银行投资《满城尽带黄金甲》之后,几乎被国内银行(北京银行、中国工商银行、杭州银行、深圳发展银行、招商银行等)垄断,究其根本原因还在目前国内版权质押制度和相应如"完片担保"服务体系的缺席。

然而,上述境外资本无一例外所指货币资本,并未包含境外生产资本和商品资本。本书认为从更为宽泛的产业资本角度,有必要将后者纳入接下去的研究体系。所以,进入中国电影业的境外产业资本可以归纳为以下三种形式类目:

第一类是货币资本,指经由"公开发行股市"、"个人及其他形式"、"私募和股权融资"、"版权预售"、"金融行业贷款"、"风险投资"等渠道流入的货币资金。

第二类是生产资本,指通过有形的硬件(尖端设备、固定资产等)或无形的软件(品牌价值、技术专利等)投入而起到提升产出价值的生产性要素。

第三类是商品资本,指可用于直接市场售卖而起到增值效应的具体商品,例如商业用途之版权、周边商品之授权等。

研究通过对有效受访企业($n=25$)问卷调查后发现,进入中国电影产业的境外资本亦涵盖于本研究所界定的3大形式(货币资本、生产资本、商品资本)之中,主要来源共计6类,依照综合占比降序排列分别为:"境外企业投资"、"软件类技术专利、商业品牌、知识产权、管理与营运经验等"、"硬件类设施、设备、固定资产等"、"境外私人投资"、"境外金融市场"、"商品版权与授权等"。

表3-11　进入中国电影产业的境外资本主要类型及来源

资本类型	主要来源	企业数量(家)	占比
货币资本	金融市场	2	8%
	企业投资	19	76%
	私人及私募投资	4	16%

（续表）

资本类型	主要来源	企业数量（家）	占比
生产资本	硬件类设施、设备、固定资产等	6	24%
	软件类技术专利、商业品牌、知识产权、管理与营运经验等	12	48%
商品资本	版权、授权	2	8%

注：本表企业数量总和大于受访企业（$n=25$）总和系因大多数企业的资本存在多元性。

通过表 3－11 不难发现，货币资本是入境资本的通用形式，在受访样本中占比 100%；生产资本其次，占比也高达 72%；而商品资本仅占到了 8%。依此可见，境外资本进入中国电影产业离不开产业资本循环的第一种职能形式，即货币资本。在众多投资主体中，境外的电影业内资本（较之业外或私人资本）占据主流，同时来自境外金融市场的资金也开始扮演起重要角色。

值得注意的是，调查显示生产资本已然成为入境的产业资本中的主流形式，这其中主要包括专业人才、技术服务、运营经验、品牌价值等。尽管对于合资企业而言，境外生产资本的导入势必暗含溢价因素，但对于电影这一高概念、高创意、高技术、高投入的产业而言，技术外溢①对于产业发展是大有裨益的。

虽然限于受访者因素，研究无法进一步量化各类境外资本在产业内的数值，但是基于上述“境外资本进入中国电影产业的主要行业领域”研究结果，不难推测境外资本流向的行业权重依次为产业链下游的渠道运营领域、产业链上游的内容生产领域以及产业链中游的市场营销领域；同时“全产业链运营”是超过半数的受访企业的商业愿景。

（四）境外资本品牌合作的比例

市场进入模式涉及的问题通常较为敏感和隐晦，从纯操作层面来看，近年来境外资本进入中国电影产业的过程就可谓是资本游戏与市场监管之间的动态博弈过程。仰首可见的投资价值让不少产业资本采取各种曲径通幽的变通策略。

例如见诸媒体的报道案例：①北京华夏新华大地电影院线是由香港新华集

① 技术外溢是指外商投资、跨国贸易等对东道国相关产业或企业的产品开发技术、生产技术、管理技术、营销技术等产生的提升效应。

团和北京伙伴合作成立，但香港新华集团是由日本角川映画投资，经新华集团出面，该院线公司也完全"变身"为全资公司，因为香港资本在内地能享受到若干优惠政策。②韩国 CJ 也通过一些"迂回"路线，使自己变成了一家内资公司。③2010 年 6 月，保利博纳获第三轮融资，融资对象中的红杉中国、海纳亚洲、经纬中国均属于外资创投。其通过复杂的股权结构设立开曼群岛公司，间接持有保利博纳的股权。尽管从股权结构上看，保利博纳已经通过复杂和精妙的设计，变身为一家开曼群岛公司，但是这种外资背景仍然为保利博纳增加了不确定性。关于这一点，保利博纳也在针对美国股民的招股说明书中表示，此举在中国会存在一定政策风险。[①]

基于理论研究的立场，本研究在具体实施过程中，对于境外资本进入的技术细节和运作过程予以忽略，而着重关注其最终进入市场的可呈现的结果性模式。故此，本书将境外资本进入中国电影产业的模式，依照市场的经营形态以及投资主体或资本运营主体之于投资、运营、回报的控制程度归纳为三大模式。

表 3－12　境外资本进入中国电影产业所采用的主要模式

模式类型	具体进入模式	企业数量(家)	占比	小计
出口型	成立分公司或代表处	3	8%	8%
契约型	技术与管理合作	9	23%	66%
	授权与特许经营	3	8%	
	品牌合作	14	35%	
投资型	独资	7	18%	31%
	与境外伙伴合资	2	5%	
	收购并参与运营	1	3%	
	收购但不参与运营	1	3%	

注：本表企业数量总和大于受访企业($n=25$)总和系因每家企业进入中国的模式选择是多元性的。

根据上述结果，在将具体模式进行大类归并之后显示：选择契约式型进入中国电影产业的企业，占本研究所收集到的模式总量的 66%；选择投资型模式的

① 郑洁，董昆，陈杰. 倾向合资公司 外资介入中国文化产业四路径[N]. 河南日报，2011－3－3.

企业，占本研究所收集到的模式总量的31%；选择出口型模式的企业，占本研究所收集到的模式总量的8%（见表3-12）。

四、境外资本契约模式进入中国传媒产业研究小结

通过对境外资本契约进入模式的规模、速度变化、来源国（地区）结构、资本形式等方面的研究，可以得到以下结论。

（一）版税和许可费服务进入模式

1. 国际版税和许可费服务入境规模远高于入境传媒产品贸易

版税和许可费服务进入规模与境外传媒产品贸易进入规模不同，规模绝对值远远超过贸易进入规模。2012年入境版税和许可费服务总额达177.49亿美元，而2012年入境传媒产品贸易总额仅为84.03亿美元。进入中国的境外版税和许可费服务规模不断扩大，其占国际总额的比重也在逐年增加，2003年中国流入额占世界总额的比重仅为3.02%，2012年即增长为6.48%。

2. 国际版税和许可费服务入境规模持续高速增长

版税和许可费服务进入规模在10年间一直保持增长势头，起伏较小，并且从未下降过。而入境传媒产品贸易规模在近5年增长乏力。中国入境版税和许可费服务规模增长较高，在10年间从未低于世界平均水平，境外资本通过版税和许可费服务进入中国在不断增长。

3. 入境的版税和许可费服务主要来源国（地区）为欧美和日本等发达国家

美国的版税和许可费服务占据国际市场的半壁江山，其次是日本，其后依次是荷兰、瑞典、德、英、法等欧盟国家，可以认为进入中国版税和许可费服务的来源国（地区）主要为美国和日本，其次为一些欧盟发达国家。

（二）服务合同进入模式

1. 境外资本的服务合同入境规模相对较小

以技术服务进入规模年度变化情况来看，其入境规模远远不及版税和许可费服务入境规模。与境外资本的版权进入不同的是，流入中国的信息、技术服务占世界总额的比重已远远低于英德日等发达国家，这可能与我国在信息服务等

产业的政策限制有关。

2. 境外资本的服务合同入境规模增长乏力

中国入境信息、技术服务规模增速相对较高，起伏较大，但在10年间大部分年份高于世界平均水平。但是信息、技术服务进入规模与境外传媒贸易进入规模相似，经历前5年的快速增长之后，在最近5年增速开始放缓。

3. 服务合同入境资本的来源国(地区)结构相对分散

进入中国信息、技术服务的来源国(地区)与版权服务不同，各国份额比较分散，其结构更为多元化。印度成为是国际信息、技术服务的头号出口大国，其次是爱尔兰，其后依次是德国、英国、美国、以色列和荷兰等国家。

(三) 品牌合作进入模式

通过对进入模式的量化统计和企业深访，研究发现随着产业政策和准入市场的逐步放开，境外资本在契约模式上呈现两大趋势。

第一是更乐于采取控制度高的契约模式——品牌合作，借以在企业经营和项目运营上争取更大话语权和决策权。

第二是在市场进入过程中更多地是在中国当地寻找合资伙伴与战略同盟，借以克服产业政策、组织管理、公司运营、资源配置等诸多问题上的水土不服。

第四章
境外资本直接投资模式进入中国传媒产业的演变与趋势分析

直接投资模式一种以所有权为基础的进入模式，境外传媒企业通过在目标国占有部分或全部的所有权，直接参与生产经营活动。直接投资模式是国际化经营的高级形式，也是传媒企业国际化的成熟标志之一。

境外传媒资本直接投资一般采取并购与新建投资两种。并购是合并和收购的合称，包括收购部分股权形成控股或参股子公司，以及全资并购形成海外独资子公司、分支机构。而新建投资是企业在国外投资建立一个全新组织（Barkema & Vermeulen，1988），一般由企业自身独立设立或者与合作企业联合设立。各种模式在控制权、成本、风险等各个方面各不相同。一般而言，设立全资子公司常常是各种进入模式中成本最高的，因为企业必须承担进行海外经营的全部成本和风险。由于我国政策环境的原因，相关法律法规明确规定外资“允许”和“禁止”的传媒领域，境外资本进入我国采用全资公司直接投资模式的相对较少。

本部分研究将主要从并购模式和新建投资模式两个方面对境外资本进入中国传媒产业的发展态势进行分析。

一、境外资本并购模式进入中国传媒产业的发展态势

（一）数据标准与来源

本部分的数据主要来源于毕威迪公司（Bureau van Dijk，BvD）的 ZEPHYR

数据库，该数据库主要提供全球各类并购交易的最新数据，包括全球并购(M&A)、首发(IPO)、机构投资者收购(IBO)、管理层收购(MBO)等各类数据。目前该数据库包含超过40万笔全球并购交易记录，每年新增约4万笔，2003年开始收入更多亚洲的记录。

本部分数据采用NAICS 2012产业分类标准，主要选取以下产业类别的并购交易数据，具体见表4-1。主要研究境外企业并购中国内地传媒类企业的交易数据，境外企业指非中国大陆的境外企业，研究时间范围从2000年1月1日—2015年10月1日之间发生的并购交易。

表4-1 资料来源的产业类别

NAICS 2012代码	产业类别
511	出版产业(Publishing Industries)(除了互联网)
512	电影/动画和音频录制产业(Motion Picture and Sound Recording Industries)
515	广播电视产业(Broadcasting)(除了互联网)
51911	新闻辛迪加服务(News Syndicates)
51913	网络出版、广播电视与网络搜索服务(Internet Publishing and Broadcasting and Web Search Portals)

(二)境外资本并购中国传媒企业的规模演进

1. 并购交易数量演进

从表4-2和图4-1来看，境外资本并购中国传媒企业的交易数量从2000年到2015年，交易数量增长较快，2000—2003年间交易数量均低于10笔，2000年仅有1笔并购交易，2001年2笔并购，2002年也不过6笔交易。2003年迅速增长为11笔交易，2004年更是增长3倍，完成30笔并购交易。2004—2009年间并购交易数量一直保持在30～40笔并购交易范围。2010年和2011年再次快速增加，分别达到了51笔和57笔。而2012年和2013年首次出现并购交易数量下降，这2年分别完成34和37笔并购交易。2014年和2015年再次出现快速增加，2014年全年境外资本完成78宗传媒并购交易，截至2015年10月1日，境外资本已完成79宗传媒并购交易。总体上来看,境外资本并购中国传媒企业的交易数量在不断增加,增长速度较快,虽然期间有一定的起伏,但是其上升的势头非常明显。

表4-2　境外资本并购交易数量年度变化情况

单位:宗

宣布交易的年份	并购交易数量
2015	79
2014	78
2013	37
2012	34
2011	57
2010	51
2009	31
2008	32
2007	36
2006	34
2005	31
2004	30
2003	11
2002	6
2001	2
2000	1
不确定时间	59
合计	609

资料来源:ZEPHYR全球并购交易数据库

(2015年的数据仅仅统计到2015年10月1日;不确定时间的交易指不确定并购交易的确切年份)

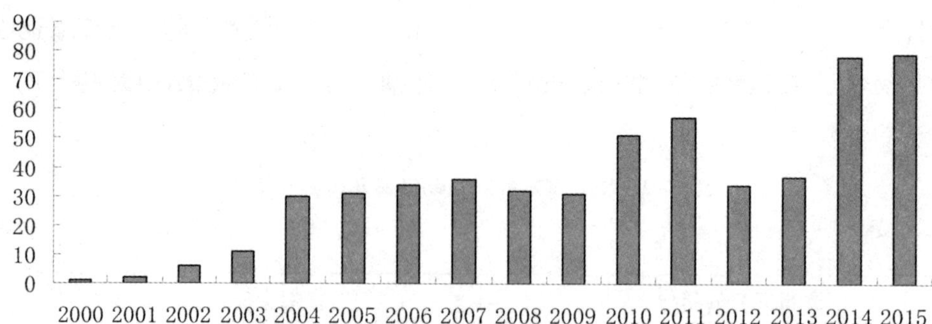

图 4-1　境外资本并购中国传媒企业交易数量年度变化情况

资料来源:ZEPHYR 全球并购交易数据库

2. 并购交易市值演进

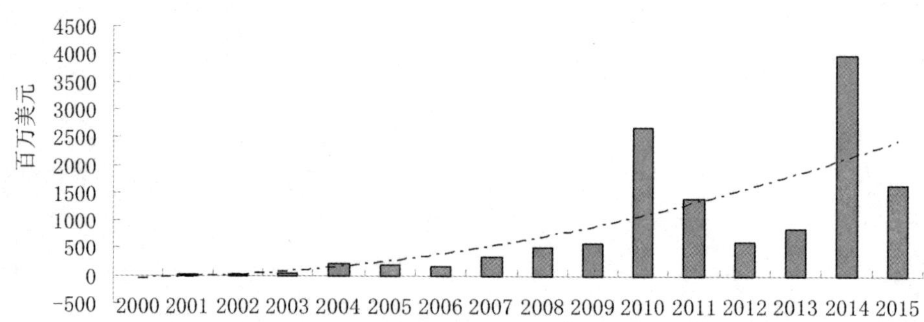

图 4-2　境外资本并购中国传媒企业交易市值年度变化情况

资料来源:ZEPHYR 全球并购交易数据库

表 4-3　境外资本并购交易总市值年度变化情况

单位:百万美元

宣布交易的年份	明确市值的并购交易数量	年度总交易市值
2015	48	1 635
2014	50	3 995
2013	26	845
2012	20	600
2011	39	1 400
2010	31	2 670
2009	19	574
2008	20	511

（续表）

宣布交易的年份	明确市值的并购交易数量	年度总交易市值
2007	27	341
2006	24	156
2005	13	184
2004	11	225
2003	9	40
2002	3	15
2001	1	27
2000	0	0
不确定时间	26	1 698
合计	367	14 918

资料来源：ZEPHYR全球并购交易数据库

（上表数据仅仅包含能确定并购交易金额的交易；2015年的数据仅仅统计到2015年10月1日；不确定时间的交易指不确定并购交易的确切年份）

由于部分交易的金额不确定，因此各年份的交易市值只统计了明确金额的交易，并涵盖当年所有交易的总市值。从图4-2和表4-3来看，境外资本并购中国传媒企业的交易市值从2000年到2015年，同样增长较快，2000—2003年间交易市值总额均低于1亿美元，2000年仅有1笔并购交易并且不确定交易金额，2001年有1笔不过2 700万美元的并购，2002年合计1 500万美元，2003年增长为4 000万美元。2004年快速增长为2.25亿美元，达到亿美元级。2004—2009年间并购交易市值起起伏伏，总额一直低于10亿美元以下，2009年完成5.74亿美元的并购交易。2010年和2011年再次快速增加，分别达成26.7亿美元和14亿美元的并购交易金额。而2012年和2013年并购交易总额快速下降，这2年分别完成6亿美元和8.45亿美元的并购交易金额额。2014年快速增加，全年完成39.95亿美元的并购交易。而2015年再次出现下降，截至10月1日，境外资本完成16.35亿美元的传媒并购交易。尽管交易金额起起伏伏，但是由于交易市值并不涵盖所有的并购交易，并且从总体上来看，境外资本并购中国传媒企业的交易市值仍在不断增加，增长速度较快，其上升的势头非常明显。

（三）境外资本并购中国传媒企业的来源国（地区）结构演进

1. 来源地区交易数量分布

从表 4－4 可以看出，境外资本并购中国传媒企业的来源区域主要为远东及中亚、北美、南美与中美洲等地，远东地区的境外企业并购交易达 310 宗，北美的境外企业并购交易为 255 宗，南美与中美洲的境外企业并购交易 195 宗。其次欧盟和东南亚的境外企业并购分别为 49 宗和 38 宗。大洋洲、东欧、非洲、中东等区域的境外企业并购交易非常少，东欧企业并购交易 4 宗，其他区域企业均仅有 1 宗并购交易。主要国家组织 G8 的企业完成并购交易 309 宗。

表 4－4 境外资本并购数量的来源地区分布情况

单位：宗

并购数 地区	V≤5	5<V≤25	25<V≤100	100<V≤500	500<V≤1 000	V>1 000	不确定时间和金额	合计
非洲	1	0	0	0	0	0	0	1
东欧	0	1	0	2	0	0	1	4
远东及中亚	59	78	47	17	1	0	108	310
中东	0	0	0	1	0	0	0	1
北美	37	66	39	8	2	0	103	255
大洋洲	0	0	0	1	0	0	0	1
南美、中美洲	35	40	26	19	2	1	72	195
东南亚	6	12	8	1	1	0	10	38
欧盟	14	8	2	0	0	0	25	49
G8	53	75	41	8	2	0	130	309
合计	120	131	80	32	3	1	242	609

（注：表中“V”指并购交易金额，单位均为百万美元；不确定时间和金额的交易指不确定并购交易的确切和时间年份；部分交易由多国企业联合完成，故交易次数有重叠）

资料来源：ZEPHYR 全球并购交易数据库

从其交易规模分布来看，超过 1 亿美元的并购交易大多数为远东及中亚、南美与中美洲的境外企业完成，唯一一宗超过 10 亿美元的并购交易是由南美、中美洲的境外企业完成，是来自开曼群岛的 HURRAY！HOLDIN 公司收购上海艺声网络科技有限公司(目前国内最为专业的网络音频服务提供商),交易金额为18亿美元。北美的境外企业大多完成的是低于1亿美元高于500万美元的并购交易,而东南亚和欧盟的境外企业更多的完成低于1亿美元级别或者2 500万美元级别的并购交易。

2. 来源国(地区)交易数量分布

通过对交易频数较高的来源国(地区)分析(见图4-3和表4-5),从2000年至今,美国企业并购中国传媒企业的交易宗数最高,完成并购交易214宗,占境外资本并购宗数总量的35.14%。其次为开曼群岛的企业完成并购交易124宗,占境外资本并购宗数总量的20.36%。香港企业完成并购交易55宗,日本企业完成并购交易25宗,新加坡企业完成并购交易23宗,英国企业完成并购交易18宗,台湾企业完成并购交易16宗,其次维尔京群岛和百慕大企业分别完成并购交易11宗和10宗。由此可见,很多境外资本并非完全通过传统欧美日、港台等国家和地区进入中国,而是通过开曼群岛、维尔京群岛、百慕大等世界避税天堂的企业渠道进入中国,完成传媒企业的并购。

表4-5　交易次数较多的来源国(地区)情况

单位:宗

国家/地区	并购交易频次	占总并购宗数的%	累积百分比
美国	214	35.14%	35.14%
开曼群岛	124	20.36%	55.50%
中国香港	55	9.03%	64.53%
日本	25	4.11%	68.64%
新加坡	23	3.78%	72.41%
英国	18	2.96%	75.37%
中国台湾	16	2.63%	78.00%
维尔京群岛	11	1.81%	79.80%
百慕大	10	1.64%	81.44%
合计	496	81.44%	

(注:表中国家(地区)均为交易数超过10宗并购交易的国家(地区);总并购数为所有境外企业并购宗数)

资料来源：ZEPHYR 全球并购交易数据库

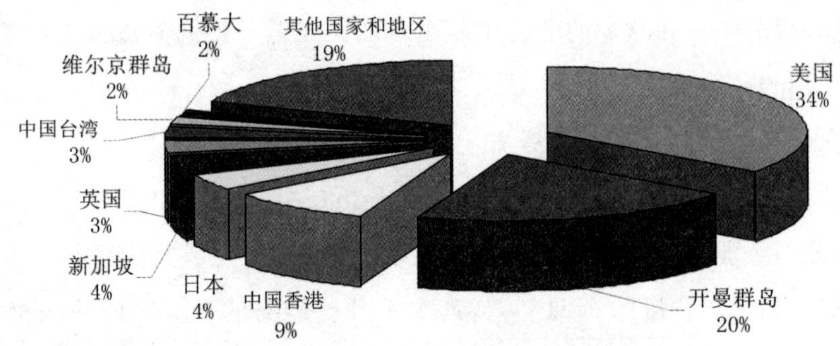

图 4-3　境外资本并购中国传媒企业的次数分布结构

资料来源：ZEPHYR 全球并购交易数据库

3. 不同年份并购交易数量变化

表 4-6　主要来源国(地区)的年度并购交易次数变化

单位：宗

	2004	2005	2006	2007	2008	2009	2010	2011	2012	2013	2014	2015
美国	10	11	14	16	15	14	20	25	16	14	27	26
开曼群岛	6	1	9	5	4	3	16	10	16	18	18	18
中国香港	3	4	1	1	6	3	2	6	7	2	8	9
日本	1	1	1	4	1	3	5	1	1	4	2	1
新加坡	1	0	3	3	1	2	1	0	1	3	6	2
英国	0	1	0	1	3	2	0	1	1	1	3	3
中国台湾	0	0	0	0	0	2	1	5	0	5	2	1
维尔京群岛	0	1	2	0	0	1	0	2	1	0	2	2
百慕大	2	0	1	1	1	0	1	1	3	0	0	0

从表 4-6 和图 4-4 可以看出，美国的企业入境并购交易次数在 10 多年间不断增长，从 2004 年 10 宗交易增长到 2015 年的 26 宗交易，增长势头明显。与此对应的开曼群岛企业并购交易同样增长较快，2004 年和 2005 年交易仅有 6

宗和1宗,2013年并购交易完成18宗,其后2年保持18宗,虽然期间存在一定程度的起伏,但是其增长势头非常明显。而香港、日本、新加坡等地的境外企业虽然在10多年间有一定程度的增长,但是其增长的幅度远远不及源自开曼群岛的企业。因此对于传媒监管部门而言,不仅应关注源自传统主流入境国家的企业并购,还应特别关注来自开曼群岛、维尔京群岛等地区的入境企业并购行为。

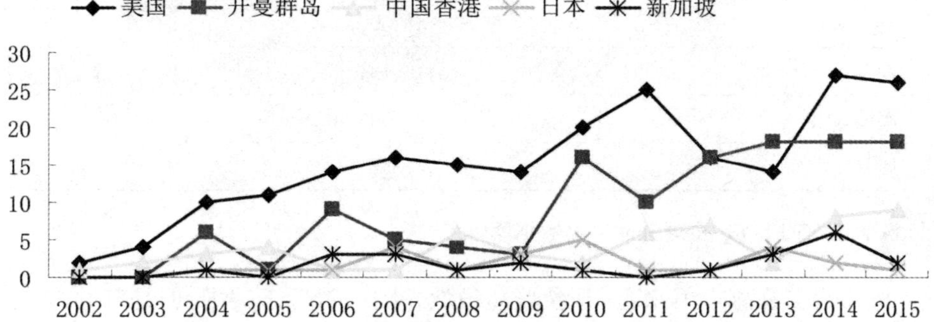

图4-4　主要来源国(地区)的年度并购交易次数变化

资料来源:ZEPHYR全球并购交易数据库

4. 来源地区交易金额分布

表4-7　来源国(地区)的并购交易总额和平均交易额情况

单位:千美元;宗

	并购交易次数	并购交易总额	平均交易金额
开曼群岛	80	4 796 378.46	59 954.73
美国	125	3 669 070.25	29 352.56
新加坡	18	1 145 503.03	63 639.06
中国香港	26	732 750.94	28 182.73
中国台湾	16	596 350.10	37 271.88
日本	13	271 353.42	20 873.34
韩国	4	235 685.91	58 921.48
澳大利亚	1	197 835.00	197 835.00
百慕大	6	140 578.60	23 429.77
英国	10	123 044.20	12 304.42
维尔京群岛	9	94 743.04	10 527.00

（续表）

	并购交易次数	并购交易总额	平均交易金额
挪威	3	70 355.57	23 451.86
法国	4	37 019.22	9 254.81
瑞典	2	16 368.45	8 184.23
泰国	1	4 020.00	4 020.00
巴巴多斯	1	4 000.00	4 000.00
爱尔兰	3	3 431.25	1 143.75
德国	1	1 000.00	1 000.00
加拿大	1	868.85	868.85

资料来源：ZEPHYR 全球并购交易数据库

从并购交易总市值来看，开曼群岛虽然并购次数低于美国，但是其并购交易总额高于美国，开曼群岛企业并购中国传媒企业总市值达 47.96 亿美元，占境外并购总市值的 40%，世界各国/地区并购中国传媒企业的总市值排名第一。美国企业完成并购中国传媒企业总市值 36.69 亿美元，排名第二，占境外并购总市值的 30%。新加坡企业完成并购中国传媒企业总市值 11.46 亿美元，排名第三。香港企业完成并购中国内地传媒企业总市值 7.33 亿美元，排名第四。台湾企业完成并购中国大陆传媒企业总市值 5.96 亿美元，排名第五（见表 4－7 和图 4－5）。

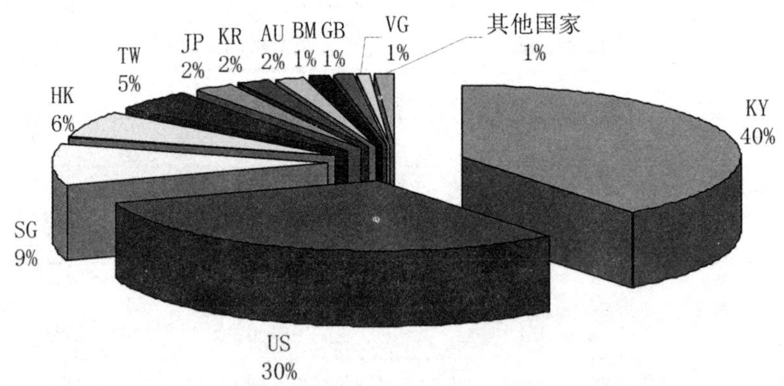

图 4－5　境外资本并购交易总额来源国（地区）分布情况

资料来源：ZEPHYR 全球并购交易数据库

而平均每宗并购交易市值来看，澳大利亚企业仅完成一宗传媒并购交易，交易金额 1.98 亿美元，为各国最高。美国虽然并购频次最高，但是平均每宗并购交易额并不高，仅为 2 935 万美元/宗，远远不及开曼群岛、新加坡和韩国的每宗并购交易平均市值。新加坡平均每宗并购交易额最高，为 6 364 万美元，其次为开曼群岛平均每宗并购交易额为 5 995 万美元，韩国平均每宗并购交易额为5 892 万美元。

（四）境外资本并购中国传媒企业的交易类型演进

1. 交易类型分布

表 4－8　来源国（地区）的并购交易总额和平均交易额情况

单位：宗

类型	交易数量	比例
全面控股	106	17.41%
绝对控股	33	5.42%
增资	50	8.21%
合资	78	12.81%
兼并	4	0.66%
参股	338	55.50%
合计	609	100%

资料来源：ZEPHYR 全球并购交易数据库

由表 4－8 可以看出，境外资本进入中国传媒产业的并购交易类型主要以参股为主，主要通过收购一定数量的股权达到参股分享收益的目的，达成的交易数量 338 宗，占总并购交易数量的 55.5%。其次为全面控股形式，这类并购一般为 100%的股权收购，收购目标企业的全部股权，被收购的企业成为收购方的全资子公司，境外资本全面控股交易 106 宗，占总并购交易数量的 17.41%。合资形式收购 78 宗，占总并购交易数量的 12.81%。增资形式 50 宗，并不追求股权的提升，占总并购交易数量的 8.21%。相对控制形式的并购交易 33 宗，占总并购交易数量的 5.42%，此类形式通过收购被收购方 51%或以上的股权。

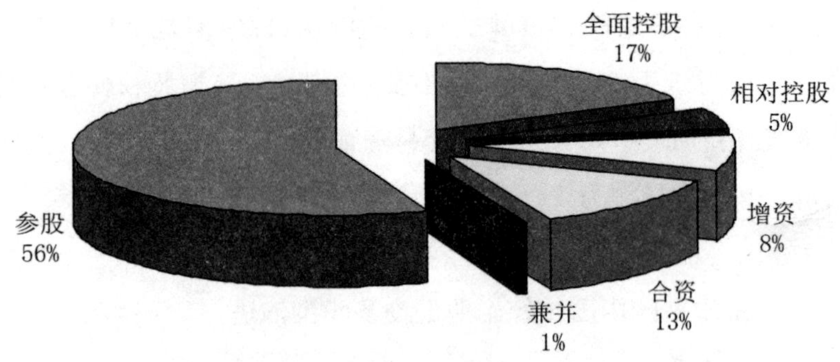

图 4-6 境外资本并购交易总额来源国(地区)分布情况

资料来源:ZEPHYR 全球并购交易数据库

2. 不同年份的交易类型变化

表 4-9 不同年份境外资本并购中国传媒企业的交易类型情况

单位:宗

年份\类型	全面控股	绝对控股	增资	合资	兼并	参股	合计
2002	2	2	0	1	0	2	7
2003	3	2	0	4	0	0	9
2004	8	1	2	10	0	3	24
2005	3	2	0	9	0	9	23
2006	2	2	2	14	0	17	37
2007	7	2	1	13	0	19	42
2008	4	2	2	11	1	20	40
2009	7	1	0	3	0	28	39
2010	11	5	6	1	1	29	53
2011	14	4	4	3	0	39	64
2012	10	4	5	0	0	31	50
2013	13	0	9	5	0	23	50
2014	14	6	8	0	1	55	84
2015	8	0	11	4	1	63	87

资料来源:ZEPHYR 全球并购交易数据库

由图 4-7 和表 4-9 可以看出,各种国际传媒入境并购类型变化,采用参股并购方式进入中国传媒产业的交易数量最多,并且在 14 年间,一直保持高速增长的态势，仅仅在 2012 年和 2013 年有一定程度的下降，其他年份基本保持增长。2005 年以前参股并购方式的交易数量低于全面控制和合资等方式，但是 2005 年以后采用参股并购方式的进入模式远远超过其他并购方式。

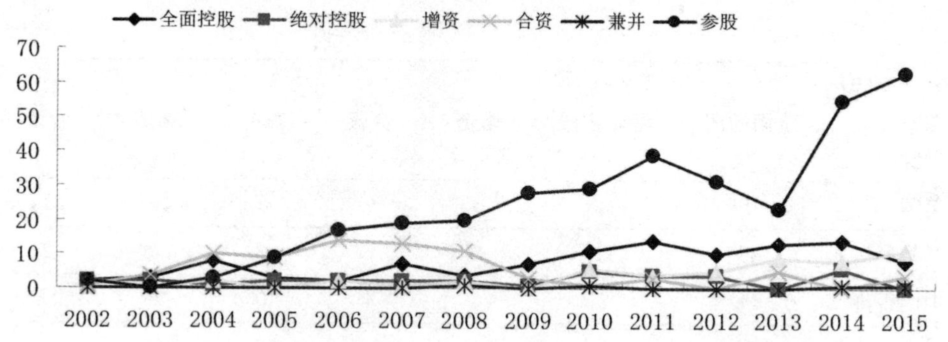

图 4－7　不同年份境外资本并购中国传媒企业的交易类型情况

资料来源：ZEPHYR 全球并购交易数据库

合资方式在 2005 年以前是境外资本并购中国传媒企业的最主要方式，2005—2009 年合资方式仍是第二大并购方式，然而 2009 年以后合资方式并购数量不断下降，甚至 2014 年降至谷底，成为当年度最不被考虑的并购方式。

采用全面控股方式并购的交易数量在 13 年间有一定程度的起伏，但是总体呈上升的势头，在 2008—2014 年间成为境外资本偏好的第二大并购交易方式，2015 年出现下降，从 2013—2015 年的数据看，其上升速度逐步在放缓。采用绝对控股方式并购中国传媒企业的交易数量相对较少，并且起伏较大，总体处于相对较低的水平。增资的方式在 2009 年以前境外企业并购行为中应用较少，但在 2009 年以后越来越多并购交易采用增资的方式，2010—2014 年间增资成为境外资本并购中国传媒企业的第三大并购交易方式。

3. 不同来源国（地区）的交易类型变化

由表 4－10 和图 4－8 可以看出不同来源国（地区）的境外资本偏好的并购交易类型存在差异。美国、中国香港与新加坡的企业进入中国传媒产业更多的偏好参股方式，相对较少采用掌握被收购方控制权的方式。在美国企业的 214 宗并购交易中，有 161 宗并购交易采用参股的形式，只收购少数的股权。而开曼群岛和中国台湾的境外企业相对更为偏好全面控股的方式进入，在开曼群岛 124 宗并购交易中，有 43 宗交易采用全面控股的方式获得 100%的被收购方式股权。日本的企业更多偏好合资的方式进入中国传媒产业，在其25宗并购交易中，有10宗并购采取了合资的方式。

表4-10 不同来源国(地区)境外资本并购中国传媒企业的交易类型情况

单位:宗

国家(地区)＼类型	全面控股	绝对控股	增资	合资	兼并	参股	合计
美国	19	10	3	20	1	161	214
开曼群岛	43	10	27	6	2	36	124
中国香港	14	2	6	4	0	29	55
日本	1	1	1	10	0	12	25
新加坡	2	0	1	0	0	20	23
英国	2	2	2	4	0	8	18
中国台湾	9	1	2	0	0	4	16
维尔京群岛	2	2	2	1	1	3	11
百慕大	1	2	0	4	0	3	10

资料来源:ZEPHYR全球并购交易数据库

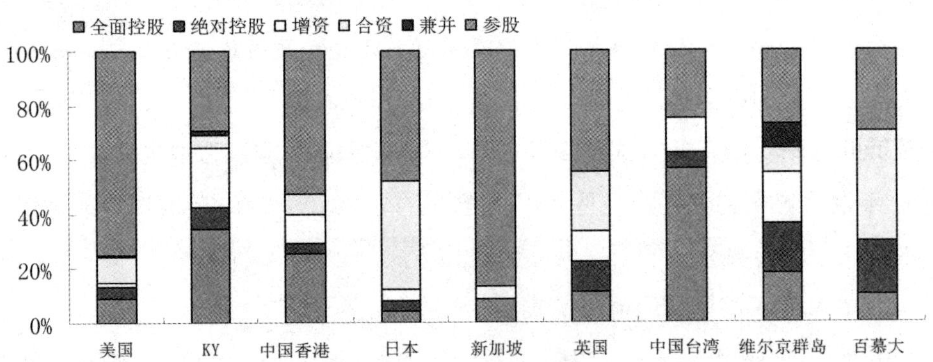

图4-8 不同来源国(地区)境外资本并购中国传媒企业的交易类型情况

资料来源:ZEPHYR全球并购交易数据库

(五) 境外资本并购目标企业的类型结构演进

1. 企业类型分布

由表4-11和图4-9可以看出，境外资本进入中国传媒产业，并购的企业类型主要以网络出版、广播电视与网络搜索服务为主，由于中国在传媒产业的管制相对严格，只有在网络传媒服务方面相对宽松，境外资本常常通过收购管制的边缘、交叉性企业，达到进入的目的，13 年间收购中国网络传媒服务类企业的交易数量 456 宗，占总并购交易数量的 74.9%。其次主要收购电影/动画和音频录制企业，13 年间收购此类企业的交易数量为 87 宗，占总并购交易数量的14.3%。涉及收购出版企业和新闻辛迪加服务企业的交易数量均为 29 宗，占总并购交易数量的比重均为 4.8%。涉及收购广播电视类的交易数量相对较少，13 年间仅有 8 宗，占总并购交易数量的 1.3%。

表 4－11　不同来源国(地区)境外资本并购中国传媒企业的交易类型情况

单位:宗

中国被并购企业的产业类型	并购交易数量	比重
出版产业	29	4.8
电影/动画和音频录制产业	87	14.3
广播电视产业	8	1.3
新闻辛迪加服务	29	4.8
网络出版、广播电视与网络搜索服务	456	74.9
合计	609	100.0

资料来源:ZEPHYR 全球并购交易数据库

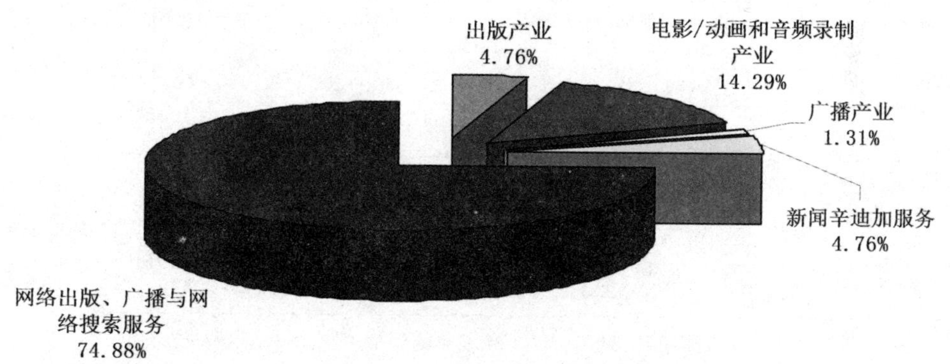

图 4－9　中国被并购企业的产业类型分布情况

资料来源:ZEPHYR 全球并购交易数据库

2. 不同年份的并购企业类型变化

由图 4－10 和表 4－12 可以看出国际传媒入境并购中国传媒企业类型的变

化，并购中国网络出版、广播与网络搜索服务企业的交易数量最多，仅在2005年被并购电影/动画和音频录制企业的交易数量超过，在14年间，总体保持高速增长的态势，仅仅在2005年和2012年有一定程度的下降，其他年份基本保持增长。可以认为境外资本并购的中国传媒企业主要为网络出版、广播与网络搜索服企业。

电影/动画和音频录制企业为境外资本第二偏好的并购对象，其仅在2013年交易数量为0，其他年份均超过其他类型企业的交易数量。在2004—2008年境外并购电影/动画和音频录制企业的交易数量达到高峰，其后逐年出现下滑，这可能与管制政策的变化有关。涉及新闻辛迪加企业并购的交易数量总体呈上升的势头，尤其在2012—2015年间增长速度较快。而涉及中国出版企业并购的交易数量在逐年下降，涉及中国广播电视企业并购的交易数量一直保持较低水平。

表4-12 不同年份境外资本并购的中国传媒企业类型变化情况

单位：宗

类型 年份	出版企业	电影/动画和音频录制企业	广播电视企业	新闻辛迪加企业	网络出版、广播与网络搜索服务	合计
2002	1	1	0	1	4	7
2003	2	2	0	1	4	9
2004	2	8	0	1	13	24
2005	1	12	2	1	7	23
2006	7	10	1	0	19	37
2007	6	9	1	2	24	42
2008	2	12	1	2	23	40
2009	2	6	0	3	28	39
2010	0	3	0	1	49	53
2011	2	7	0	2	53	64
2012	1	6	0	4	39	50
2013	1	0	0	2	47	50

（续表）

类型 年份	出版企业	电影/动画和音频录制企业	广播电视企业	新闻辛迪加企业	网络出版、广播与网络搜索服务	合计
2014	1	6	1	4	72	84
2015	1	5	2	5	74	87

资料来源：ZEPHYR 全球并购交易数据库

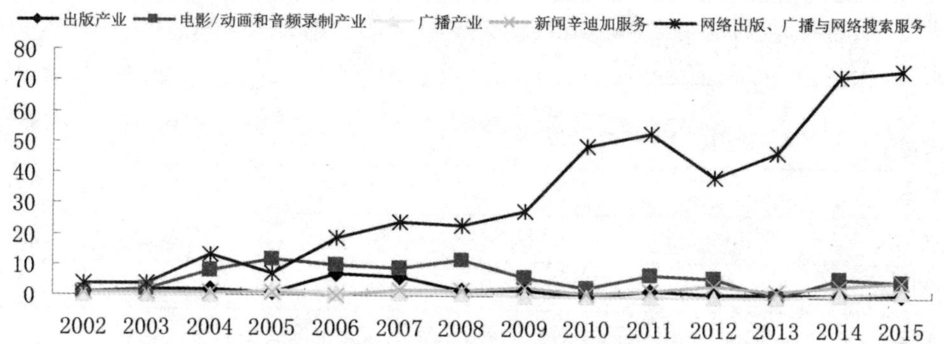

图 4－10　不同年份境外资本并购的中国传媒企业类型变化情况

资料来源：ZEPHYR 全球并购交易数据库

3. 不同来源国(地区)的并购企业类型变化

总体上各国更多偏好并购中国网络出版、广播与网络搜索服务企业，但由图 4－11和表 4－13 可以看出不同来源国(地区)的境外资本偏好的并购企业类型存在一定的差异。日本对中国出版企业的并购数量较高，在其 25 宗入境并购交易中，有 4 宗并购对象为中国出版企业，比重较高。英国、中国香港除了并购中国网络出版、广播与网络搜索服务企业之外，还相对偏好中国电影/动画和音频录制企业。其次英国并购中国新闻辛迪加企业的比重也较高。

表 4-13 不同来源国(地区)境外资本并购的中国传媒企业类型情况

单位:宗

类型 来源国(地区)	出版企业	电影/动画和音频录制企业	广播产业	新闻辛迪加服务	网络出版、广播与网络搜索服务	合计
美国	6	31	2	10	165	214
开曼群岛	2	7	1	6	108	124
中国香港	1	11	2	0	41	55
日本	4	4	0	2	15	25
新加坡	0	0	0	1	22	23
英国	3	4	0	3	8	18
中国台湾	0	1	0	0	15	16
维尔京群岛	1	2	1	1	6	11
百慕大	2	4	0	2	2	10

资料来源:ZEPHYR 全球并购交易数据库

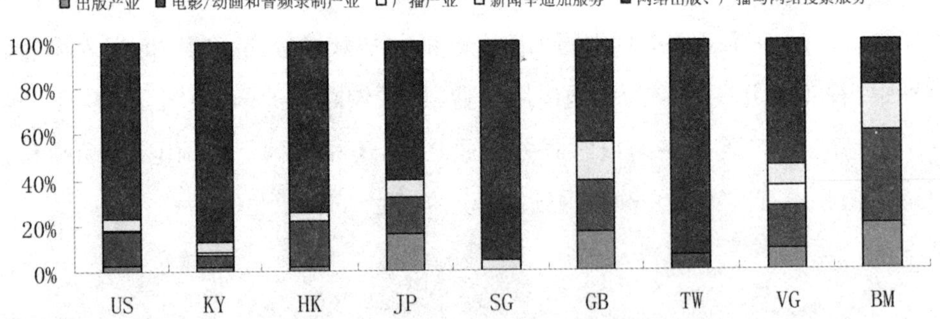

图 4-11 不同来源国(地区)企业并购的中国传媒企业类型变化情况

资料来源:ZEPHYR 全球并购交易数据库

(六) 境外并购交易案例

上海艺声网络科技有限公司成立于 2000 年 7 月,是目前国内最为专业的网络音频服务提供商。2010 年被来自开曼群岛的 HURRAY! HOLDING CO.,

LTD 以 18 亿美元的价格收购。2014 年台湾上市游戏公司乐升宣布以 4.72 亿美元收购 Tiny Piece 的 90%股权。其他诸多并购交易均来自网络出版、广播与网络搜索服务行业，反映了境外资本对企业类别的倾向（见表 4－14）。

表 4－14 主要境外资本并购中国传媒企业的案例

	境外企业	来源国（地区）	中国传媒企业	交易类型	交易金额（千美元）
1	HURRAY! HOLDING CO., LTD	开曼群岛	SHANGHAI YISHENG NETWORK TECHNOLOGY CO., LTD	Acquisition 100%	1 800 000.00
2	XPEC ENTERTAINMENT INC.	台湾	TINY PIECE CO., LTD	Acquisition 90%	472 388.16
3	PROMINENT TMT LTD		BEIJING IQIYI TECHNOLOGY CO., LTD	Minority stake unknown %	400 000.00
4	BAIDU INC.	开曼群岛	PPS NET TV	Acquisition 100%	370 000.00
5	CITIC TELECOM INTERNATIONAL HOLDINGS LTD	香港	CITIC NETWORKS CO., LTD	Minority stake 39%	201 492.10
6	LOTTE SHOPPING CO., LTD	韩国	LUCKYPAI GROUP LTD	Acquisition 63.2%	160 000.00
7	PRIVATE EQUITY INVESTORS	美国	BEIJING GALLOP HORSE FILM & TV PRODUCTION CO., LTD	Minority stake unknown %	121 774.87
8	GOLDEN BENEFIT TECHNOLOGY LTD	香港	BEIJING SUPER TV CO., LTD	Acquisition increased from 100% to 100%	90 500.00
9	UNIVERSAL HOLDINGS LTD	开曼群岛	ASIAN UNION FILM AND MEDIA CO., LTD.	Acquisition 50%	72 841.28

（续表）

	境外企业	来源国（地区）	中国传媒企业	交易类型	交易金额(千美元)
10	VIPSHOP HOLDINGS LTD	开曼群岛	OVATION ENTERTAINMENT LTD	Minority stake 23%	55 800.00

二、境外资本新建投资模式进入中国传媒产业的发展态势

本部分由于数据资料的缺乏，难以对境外资本新建投资模式进入中国传媒产业进行总体的研究分析，所以将通过案例，研究境外资本如何通过企业融资参与中国传媒类企业新建的过程，并分析融资方式对企业股权结构的影响。

（一）案例选择依据

在案例的选择上，本文选择了 2 个案例：优酷、土豆。选择这 2 个案例的主要依据如下：

（1）优酷与土豆是目前中国在线视频网站影响力最大的两家，且是基本只从事线视频业务；

（2）优酷与土豆的成长由境外资本支撑，并选择了海外上市；

（3）其他一些在重要的在线视频服务企业，也大多采取了与优酷或土豆类似的融资方法，如迅雷、56、酷 6 等，能反映行业的总体趋势。

（二）境外资本主导新建案例——优酷融资研究

由于优酷在发展过程中，在品牌、网站名和公司名上存在文字相似的情况，在开始案例分析之前，我们首先对名称的使用进行约定，方便研究的开展：

（1）优酷网公司：指在纽约证券交易所上市的公司法人；为方便区别，在开始对优酷进行案例分析后，我们以该公司的注册名称 Youku.com Inc. 表示；

（2）优酷网：指可以使用计算机或是其他设备访问的域名为 http://www.youku.com 的互联网网站；

（3）优酷：指以通过优酷网提供在线视频服务为核心业务，通过股权或协议等形成的公司群体。

1. 基本情况

1)发展历程

优酷网是目前中国访问量最大的视频网站，其融资也是目前最为成功。2005 年 11 月，原搜狐总裁和首席运营官古永锵创立合一网络技术有限公司。2006 年 3 月，合一网络投入 300 万美元建立优酷。2006 年 6 月 21 日，优酷网上线。

在网站上线后，优酷网利用社会热点，开展事件营销，速度获得人气和知名度，甚至有节目被中央电视台引用；在 2007 年中国视频网站进行快速发展期后，优酷投入在全国布网，不断改善播放流畅度和视频上传速度，到当年 12 月 21 日，优酷网日视频播放量率先突破 1 亿。

优酷在 2008 年国际金融危机前获得资本支持，在其他网站困难的情况下，利用资金优势推出“合计划”，与百家电视台及大型影视音乐公司成为热点联盟伙伴，并获得了 4 万部(集)总计 5 万小时的电视剧版权。

2008 年 7 月 9 日，优酷网获得国家广电总局颁发的信息网络传播视听节目许可证，以及由北京广电局颁发的“广播电视节目制作经营许可证”。

2009 年，在 Hulu 成功的启发下，中国的在线视频网站间开始向正版长片的转变；同时搜狐、百度等互联网巨头也进入在线视频行业。在这段时间里，中国在线视频行业进行了一轮关于版权的竞争和诉讼。经过这一轮的竞争与发展，中国的在线视频行业的阵营基本形成，从访问量上来看，优酷网与土豆网两家为第一阵营，其他网站分列第二、第三阵营。

2)服务方式

优酷网的服务方式经历过三个阶段。初创时期，优酷网与其他视频网站一样，受 YouTube 影响，主要方式就是建设成为视频分享网站。

2009 年，同样受到 Hulu 成功的启发，开始提供正版长片节目，将服务方式转变为“YouTube ＋ Hulu”。方式的转变使得优酷的成本增加了版权一项，而且版权成本也越来越成为网站发展的负担。2007 年，优酷用于版权方面的支出为 310 万元人民币；而据优酷 2011 年第二季度的财报，就有 1.4 亿的现金流出用于版权购买。作为解决激烈竞争带来的版权价格上涨的应对，优酷开始尝试自制内容。

2010年，Youku.com Inc.进入上市期，在路演中，创始人兼CEO古永锵对公司的服务方式做了完整的描述："优酷是一家互联网电视公司，它将Hulu与Netflix两大模式进行结合，并做到了YouTube的规模。"在这种的框架下，优酷网提供免费与收费两种收看方式，同时允许用户上传分享视频。而收看的终端，除计算机外，优酷还支持多移动终端，如iOS平台、Android平台上都有可以收看优酷网在线视频的App。

2. 融资过程分析

从优酷的发展过程和方式变更可以发现，优酷对资金的需求是非常巨大的。提升用户体验，需要投入巨资建设自己的IDC中心。Hulu与Netflix模式需要建设版权节目库。相较于国外版权资源集中在不多的大型传媒集团情况，中国的版权资源要分散得多，不利于发挥规模效应，且在近两年争夺过程中，版权价格已经上涨甚至数十倍。

在优酷发展初期，就对融资需求就有充分的认识，在古永锵提出的"三个亿"理论中，第一条就是在线视频是有钱人的游戏，融资必须上亿。事实证明，在线视频网站对资本的需要甚至比这还要高得多。

从整体上来看，优酷的融资过程可以分为两个阶段，一个是创业期，一个是上市及上市后再融资。这个分法，也适用于土豆和乐视。

1）创业期融资

除去在创立之初投入的300万美元资金外，在IPO之前，优酷进行过5轮融资，参见表4-15。

表 4－15　优酷在 IPO 前融资情况

轮次	时间	金额	投资人
创立	2005 年 11 月	300 万美元	创始人
第一轮	2006 年 12 月	1 200 万美元	Sutter Hill Ventures Farallon Capital 成为投资
第二轮	2007 年 11 月	2 500 万美元	Bain Capital(新增) 原股东追加
第三轮	2008 年 7 月	3 000 万美元 1 000 万美元(技术设备贷款)	Maverick Capital(新增) 原股东追加 Western Technology Investment(贷款提供者)
第四轮	2009 年 12 月	4 000 万美元	成为投资、Bain Capital、Brookside Capital、Maverick Capital、Sutter Hill Venture
第五轮	2010 年 9 月	5 000 万美元	成为基金 Farallon Funds Brookside Capital Maverick Capital T. Rowe Price New Horizons Fund 摩根士丹利小企业成长基金

(资料来源:imeigu.com)

参与投资基本都是创业投资,共有 8 家:Sutter Hill Ventures、Farallon Capital、成为投资、Bain Capital、Maverick Capital、Brookside Capital、T. Rowe Price New Horizons Fund、摩根士丹利小企业成长基金。在 5 轮投资中,优酷总共融得 1.64 亿美元的资金,其中 1 000 万美元为设备贷款,其余为现金投资。

因此,在 IPO 前,优酷融资采用的主要方式为股权融资,辅助方式为债权融资,而股权融资的主要对象为境外创业投资。

2）上市及上市后

截止到2010年9月，优酷获得了近1.6亿美元的风险投资。这些资金支撑了优酷网的高速发展，优酷也必须为创业投资提供退出的路径。至2010年，虽然优酷尚未在任何一个财季取得盈利，但是已经成为中国在线视频市场的领跑者。在这样的态势下，回报创业投资的最好方式就是IPO。

2010年12月8日，Youku.com Inc.在纽约证交所正式挂牌交易，发行价12.8美元，共售出18 224 855股ADS，每股ADS代表18个普通A类股票。通过IPO，Youku.com Inc. 共募集资金2.33亿美元。在上市当天开盘价为27.00美元，高于发行价12.80美元110.9%；收盘报33.44美元，涨幅161.25%，创下美国5年来IPO上市首日涨幅之最。

在IPO后，Youku.com Inc.在资本市场很快展开了二轮融资计划。2011年5月，Youku.com Inc.以48.18美元/ADS的高价成功增长，再融得4亿美元的资金。在增长中，参与优酷创业投资的Brookside Capital、Sutter Hill Funds等献售了持有的部分股票，部分退出。

3. 公司股权、控制架构解析

表4-16　优酷IPO后的主要持股情况

股东名称	IPO前		IPO后		投票权
1Verge Holdings Ltd.	626 773 147	39.96%	626 773 147	33.97%	59.42%
Brookside Capital Partners Fund，L.P.	264 382 288	16.86%	264 382 288	14.33%	8.35%
Sutter Hill Funds	192 270 567	12.26%	192 270 567	10.42%	6.08%
Maverick Funds	178 365 920	11.37%	178 365 920	9.67%	5.64%
Farallon Funds	172 018 194	10.97%	172 018 194	9.32%	5.44%

资料来源：imeigu.com

在IPO后，优酷上市公司的主要股东持股结构如表4-16所示。从股权结构中可以看出，外资在其中占据了主导地位。尽管经过多轮融资，创始人古永锵仍然保持了对公司的控制权，无论是股份，还是投票权。古永锵持股比例为31.5%，管理层持股总计为38.8%，古永锵个人所持投票权约为60%。

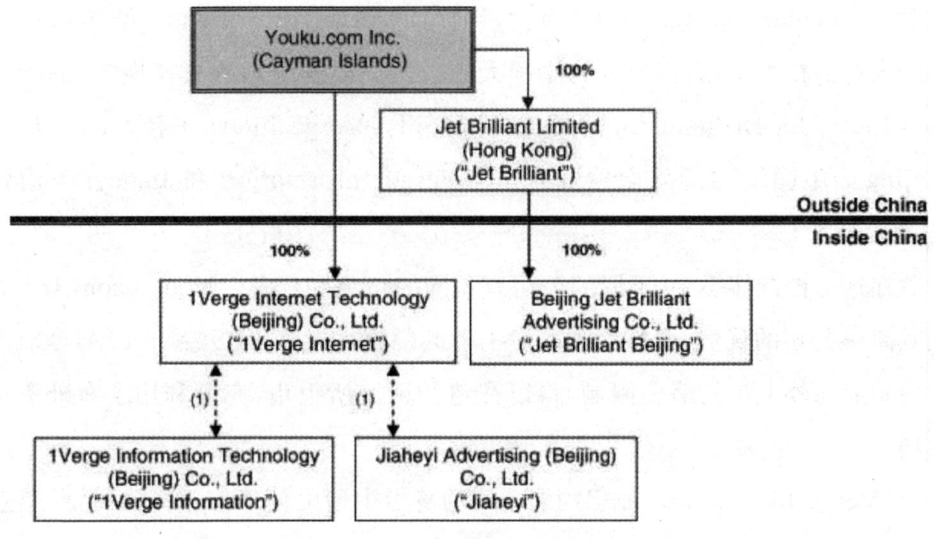

图 4－12　优酷股权、控制架构示意

资料来源：Youku.com Inc. F—1/A Form

在解析了优酷上市公司的持股结构后，我们还有必要再解析整个优酷的公司控制架构。图 4－12 示意了优酷的基本公司架构，在这个架构中出现了 6 家公司。粗黑横线区分了境内外，上方为中国境外，有 2 家公司；下方为中国境内，有 4 家公司。2005 年 9 月 20 日，古永锵在开曼群岛注册了 1Verge Inc.，并在 2008 年 6 月 20 日改名为 Youku.com Inc.。2005 年 11 月 14 日，1Verge Inc.全资控股子公司 1Verge Internet Technology (Beijing) Co., Ltd.在北京成立，简称 1Verge Internet。2010 年 4 月 27 日，Youku.com Inc.又获得了位于香港的 Jet Brilliant Limited 的全部股权，这家公司全资控股 Beijing Jet Brilliant Advertising Co., Ltd.，简称 Jet Brilliant Beijing。

1Verge Information Technology (Beijing) Co., Ltd. 简称 1Verge Information，Jiaheyi Advertising (Beijing) Co., Ltd.简称 Jiaheyi，这两家公司为境内注册公司，Youku.com Inc.创始人古永锵的妻子秦琼拥有上述两个公司各 80%的股权，Youku.com Inc.董事、首席财务官兼高级副总裁刘德乐拥有各 20%的股权。

Youku.com Inc.与 1Verge Internet、Jet Brilliant Limited 和 Jet Brilliant Beijing 之间是直接的股权控制关系，即图 4－12 中所示的实线，且为完全股权

控制;而 Youku.com Inc.与两个纯内资公司 1Verger Information 和 Jiaheyi 之间则没有股权关系,且出资人为中国大陆公民。根据中国的法律规定,Youku.com Inc.与 Jet Brilliant Limited 为外国公司,1Verge Internet 和 Jet Brilliant Beijing 为中国境内的外商独资公司,1Verge Information 和 Jiaheyi 为内资公司。

在这个控制体系中,不同的公司有不同的角色和任务。Youku.com Inc.利用其离岸公司的优势,既享受了离岸中心的税收优惠,又成功绕开 10 号令对于境内企业海外上市的诸多限制,得以在纽约证交所上市,充分利用了海外资本市场。

1Verge Information 则以内资公司的身份申请电信增值服务许可证、信息网络传播视听节目许可证等电信、广电关键许可,开展在线视频服务,绕开了对在线视频服务业对外资的限制政策。从法律意义来看,用户访问的 http://www.youku.com 网站暨优酷网是归属于 1Verge Information,而非 Youku.com Inc.。Jiaheyi 则作为一家内资广告公司,申请开展广告业务。而且,Youku.com Inc.计划在其独资的广告公司 Jet Brilliant Beijing 满足外资广告公司在华开展业务的年限条件、取得开展广告业务的工商许可后,取代 Jiaheyi 的职能。

由于缺少股权控制,在 Youku.com Inc.与境内公司之间必须建立新的管道,就是协议。在 1Verger Internet 和 1Verge Information 两家公司以及这两家的公司的股东之间,Youku.com Inc.设立了设立一组控制协议。利用这组控制协议,Youku.com Inc.可以达到以下目的:

- 对 1Verge Information 和 Jiaheyi 的业务管理和股东投票权实行有效的控制;
- 由 1Verge Internet 提供知识产权许可、技术和咨询服务,再以收取技术和咨询服务费的形式,持续获取 1Verge Information 和 Jiaheyi 的所有经济收益;
- 在中国法律许可情下,可以独家收购 1Verge Information 和 Jiaheyi 的所有股份。

在这样的架构体系中,两家内资公司成为受 Youku.com Inc.控制的附属实体,财务报表也被合并，并符合 U.S. GAAP 会计准则。可以用图 4－13 重新表示。

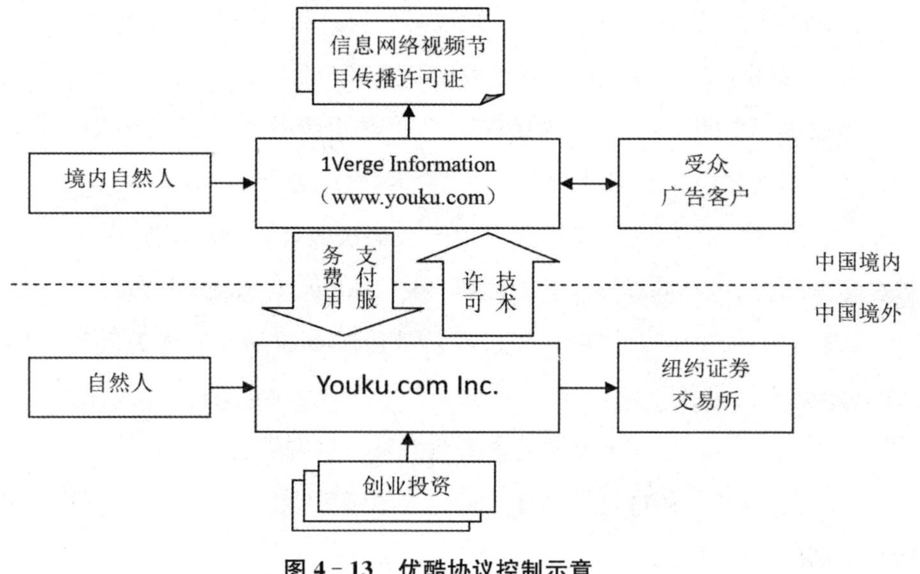

图 4－13　优酷协议控制示意

资料来源：本文整理

在获取便利的同时，这样分离的架构同样面临着风险，主要有以下几种：

- 控制协议的未来法律地位不明确。在 Youku.com Inc.设立控制协议时，中国的法律政策中并对应的限制性条款，但是 2011 年 9 月 1 日开始施行的《商务部实施外国投资者并购境内企业安全审查制度的规定》开始触及这类规避行为，但尚未明确在线视频业是否在监管行业名单中。从越来越严的监管中，控制协议的未来法律地位仍然存在着变化的可能。
- 存在对核心资源失控的可能性。1Verge Information 是在线视频服务的实际提供者，拥有各类行政许可等核心资源，而 Youku.com Inc.实际拥有的资源只是与境内公司间达成控制协议。目前的该协议的有效期为 10 年，到期时如无意外将自动延期 10 年。如果控制协议的合法性受到影响，或是被控制方（无论是境内公司还是各自的股东）不能按照控制方的意图履行契约，Youku.com Inc.对核心资源的控制能力就会受到影响。
- 外汇与税务风险。由于优酷在境内的收入都是以人民币为结算货币，但同时又需要向境外的 Youku.com Inc. 转移收入；或者由 Youku.com

Inc. 向境内转移发展资金。在大笔资本转移转移时，会面临中国外汇管理与税收政策限制。

（三）境外资本主导案例——土豆融资研究

土豆也存在网站名、公司名比较相近、容易混淆的情况，为方便表述，对有关公司实体的名称作如下约定：

（1）土豆控股：指在纳斯达克上市的公司法人；为方便区别，在正式介绍了该公司的历史后，我们以该公司的注册名称 Tudou Holdings Limited 表示。

（2）土豆网：指可以使用计算机或是其他设备访问的域名为 http://www.tudou.com 的互联网网站；

（3）全土豆：指运营土豆网的全土豆网络科技有限公司；

（4）土豆：指以通过土豆网提供在线视频服务为核心业务，通过股权或协议等形成的公司群体。

1. 基本情况

1）发展历程

土豆网于 2005 年 4 月 15 日正式上线，这个时间早于优酷网。土豆网的创始人王微至今仍然担任 Tudou Holdings Limited 的 CEO。土豆网自上线后，凭借较早上线以及用户产生内容的方式，网站人气上升很快，流量迅速增加。是目前中国极具影响的视频分享网站之一。土豆网是最早提出上市计划的中国在线视频网站，但是由于创始人的婚姻引发的纠纷，最终比优酷晚一年在美上市。

2）服务方式

土豆网的理念是“每个人都是生活的导演”，因此土豆网始终坚持 UGC 即用户产生内容的方式。后期经过调整，主要提供以下三个方面的内容：土豆网网友自行制作或分享的视频节目，例如播客和用户原创视频；来自土豆网众多内容提供商的视频节目，例如电影、电视剧和 MV 等；土豆网投资制作的节目，例如土豆摄线等日播栏目及系列短剧。但是，土豆网坚持用户生成内容的方式为主。因此，在 Tudou Holdings Limited 的上市路演中，土豆网的方式被描述成“YouTube ＋ Hulu ＋ HBO”。

与优酷网的方式对比，两者的差别在于方式中第三个要素的不同。优酷网的第三个要素是HBO，而不是Netflix。HBO的英文名称为Home Box Office，是一家有线电视网络媒体，总部位于美国纽约。HBO电视网于1972年开播，全天候播出电影、音乐、纪录片、体育赛事等娱乐节目。HBO的经营理念不同于绝大多数的电视台，它不卖广告，而是付费收看。HBO的规模与ABS、CBS、NBS这三大电视网不能相比，但多年来，凭借着自制节目吸引了大量的付费订阅观众。《兄弟连》、《欲望都市》、《太平洋战争》等剧集在全世界都有极高的号召力。土豆网与将自制节目作为摆脱购买版权节目带来的同质化倾向的重要手段。

2. 融资过程分析

1）创业期融资

表4-17　土豆网IPO前融资情况

轮次	时间	金额	投资人
第一轮	2005年12月	50万美元	IDG
第二轮	2006年5月	850万美元	IDG 纪源资本 集富亚洲
第三轮	2007年4月	1 900万美元	Capital Today Investment General Catalyst 韩国KTB风险投资基金 GC Entrepreneurs Fund CA—JAIC China Internet Fund 原股东IDG、纪源资本、集富亚洲追加
第四轮	2008年4月	5 680万美元	凯欣亚洲 洛克菲勒Venrock 原股东IDG、纪源资本参投
第五轮	2010年7月	5 000万美元	淡马锡(Sennett Investments) 原股东凯硕亚洲、IDG、纪源资本、General Catalyst等追投

资料来源：imeigu.com

与优酷一样，在 IPO 前，土豆也经过多轮投资，其资本引入的过程如表 4-17。自 2005 年土豆网上线至在美国纳期达克 IPO 前，土豆进行了 5 轮融资，共获取资金 1.35 亿美元。5 轮融资中，投资方多达 11 家，以境外创业投资为主，如 IDG、集富亚洲等。这一点与优酷非常相似，充分体现了风险投资联合投资、滚动投资的特点。

2）上市及上市后

在大陆地区的在线视频行业中，尽管土豆网首先提出赴美上市，但由于多种原因，直到 2011 年 8 月 17 日才得以在美国纳斯达克上市。Tudou Holdings Limited 的 IPO 发行价为 29 美元/ADS，共计发行 600 万份 ADS，每股 ADS 代表 4 股普通股，共融得资金 1.74 亿美元。2011 年 8 月，新浪作为战略投资者分两次入股土豆，占比 9.05%，成为土豆网第五大股东。新浪入股的总交易金额为 6 640 万美元，平均成本为 25.86 美元/ADS。

3. 公司股权结构、控制解析

表 4-18 土豆网主要持股情况

股东名称	持股数	IPO 前占比	IPO 后占比	说明
凯欣亚洲	14 215 278	15.6%	12.5%	David M. Hand 全资控股公司
Sennett Investments	19 384 853	21.3%	17.1%	
First Easy Group	8 913 333	11.7%	9.2%	其中 1057500 与王微协议共有
IDG 中国	10 379 691	11.4%	9.2%	
纪源资本	11 027 224	12.1%	9.7%	Hany Nada 全资控股
General Catalyst	7 478 293	8.2%	6.6%	
集富亚洲	4 843 008	5.3%	4.3%	
Capital Today	4 352 150	4.8%	4.8%	
Venrock	4 258 418	4.7%	3.8%	

资料来源：imeigu.com

在表 4-18 中列出了 Tudou Holdings Limited 的主要股东，也以境外创业投资为主。在 IPO 中，创始人王微献售了 43 万份 ADS，在 IPO 后持有持股比例为 8.6%，管理层持股合计为 30.5%，但王微个人所持投票权超过 25.4%。王微的投票权超出股份比例是由于 Tudou Holdings Limited 的 A 类普通股全部为王微持有，每股 A 类普通股拥有 4 个投票权，其他股东持有的为 B 类普通股。

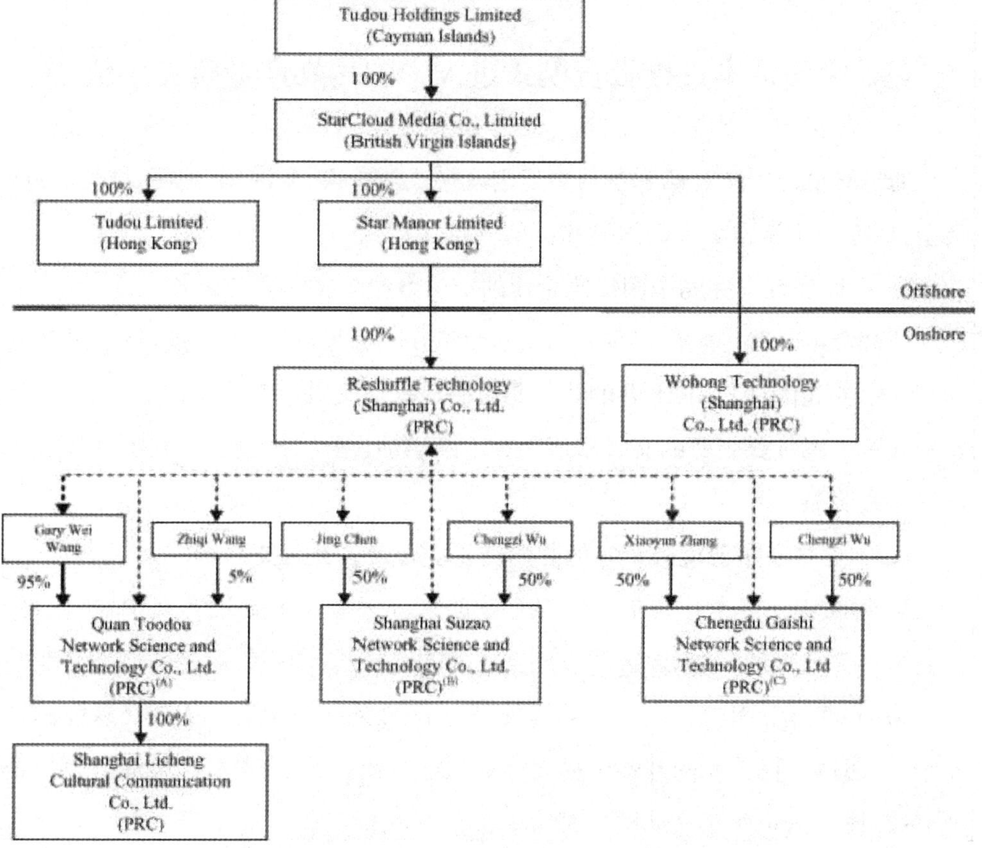

图 4-14　土豆股权、控制结构示意

资料来源：Tudou Holdings Limited F—1/A Form

土豆的公司架构的解析可以看出(见图 4-14)，土豆在纳斯达克证券交易市场上市的 Tudou Holdings Limited 也是一家注册于开曼群岛的公司，再经过注册于英属维尔京群岛的 StarCloud Media 和注册于香港的 Star Manor 进入中国境内，开设了 Reshuffle Technology 公司，以一家技术公司的面目出现。

在中国境内运营土豆网的 Quan Tudou Networks Science and Technology

即全土豆网络科技有限公司持有开展电信增值服务、在线视频服务等关键许可资源。

在 Tudou Holdings Limited 完全控制下的境内外商独资公司 Reshuffle 与开展土豆网营运的全土豆公司之间，并没有直接的股权关系，而是与优酷相类似的协议控制关系。

三、境外资本直接投资模式进入中国传媒产业研究小结

通过对境外资本并购和参与新建进入模式的规模、来源国（地区）结构、并购类型、目标企业类型等方面的研究，可以得到以下结论。

（一）境外资本并购中国传媒企业的交易数量与市值高速增长

境外资本并购中国传媒企业的交易数量在不断增加，增长速度较快，虽然期间有一定的起伏，但是其上升的势头非常明显。而交易金额从总体上来看，境外资本并购中国传媒企业的交易市值仍在不断增加，增长速度较快，其上升的势头同样非常明显。

（二）远东及中亚境外资本的并购交易次数最多并且交易市值大

14 年间境外资本并购中国传媒企业的来源区域主要为远东及中亚、北美、南美与中美洲等地，远东地区的境外企业并购交易达 310 宗，北美的境外企业并购交易为 255 宗，南美与中美洲的境外企业并购交易 195 宗。从其交易规模分布来看，超过 1 亿美元的并购交易大多数为远东及中亚、南美与中美洲的境外企业完成，而北美企业交易规模相对较小。

（三）越来越多的入境传媒企业源自开曼群岛等非传统国家/地区

很多境外资本并非完全通过传统欧美日、港台等国家和地区进入中国内地，而是通过开曼群岛、维尔京群岛、百慕大等世界避税天堂的企业渠道进入中国，完成传媒企业的并购。开曼群岛企业并购交易增长较快，2004 年和 2005 年交易仅有 6 宗和 1 宗，2013 年并购交易完成 18 宗，其后 2 年保持 18 宗，虽然期间存在一定程度的起伏，但是其增长势头非常明显。开曼群岛虽然并购次数低于美国，但是其并购交易总额高于美国，开曼群岛企业并购中国传媒企业总市值达

47.96 亿美元，占境外并购总市值的 40%，在世界各国/地区并购中国传媒企业总市值排行中排名第一。

（四）少数股权购买是境外资本并购中国传媒企业的最主要方式

境外资本进入中国传媒产业的并购交易类型主要以参股为主，主要通过收购一定数量的股权达到参股分享收益的目的，达成的交易数量 338 宗，占总并购交易数量的 55.5%。2005 年以前参股并购方式的交易数量低于全面控制和合资等方式，合资方式在 2005 年以前是境外资本并购中国传媒企业的最主要方式，但是 2005 年以后采用参股并购方式的进入模式远远超过其他并购方式。

（五）全面控股和增资并购形式越来越被境外资本偏好

采用全面控股方式并购的交易数量在 13 年间有一定程度的起伏，但是总体呈上升的势头，在 2008—2014 年间成为境外资本偏好的第二大并购交易方式。境外资本全面控股交易 106 宗，占总并购交易数量的 17.41%。增资的方式在 2009 年以前境外企业并购行为中应用较少，但在 2009 年以后越来越多并购交易采用增资的方式，2010—2014 年间增资成为境外资本并购中国传媒企业的第三大并购交易方式。与此同时，2009 年以后合资方式并购数量不断下降，甚至 2014 年降至谷底，合资方式成为最不被考虑的并购方式。

（六）境外资本并购集中于网络出版、广播电视与网络搜索服务新兴行业

境外资本进入中国传媒产业，并购的企业类型主要以网络出版、广播电视与网络搜索服务为主，其次主要收购电影/动画和音频录制企业，涉及收购广播电视类的交易数量相对较少。13 年间收购中国网络传媒服务类企业的交易数量 456 宗，占总并购交易数量的 74.9%。在 14 年间，总体保持高速增长的态势。

（七）不同国家企业偏好不同的并购金额、方式与企业类型

美国虽然并购频次最高，但是平均每宗并购交易额并不高，仅为 2 935 万美元/宗，远远不及开曼群岛、新加坡和韩国的每宗并购交易平均市值。新加坡平均每宗并购交易额最高，为 6 364 万美元，其次为开曼群岛平均每宗并购交易额为 5 995 万美元，韩国平均每宗并购交易额为 5 892 万美元。

美国、香港与新加坡的企业进入中国传媒产业更多的偏好参股方式，相对较少采用掌握被收购方控制权的方式。开曼群岛和中国台湾的境外企业相对更为

偏好全面控股的方式进入。日本的企业更多偏好合资的方式进入中国传媒产业，日本对中国出版企业的并购数量较高。

英国、香港除了并购中国网络出版、广播与网络搜索服务企业之外，还相对偏好中国电影/动画和音频录制企业。英国并购中国新闻辛迪加企业的比重较高。

第五章
境外资本进入中国传媒产业的影响评价分析

传媒产业由于其政治经济的双重属性，普遍认为传媒产业对政治经济文化均有重要影响，无论对发达国家还是发展中国家。Addis Ababa（2006）和 J.P. Singh（2007）认为传媒不但对政治影响较大，而且其经济作用也不容忽视。因此世界各国普遍对于传媒产业进入有所管制，以限制其消极影响。毋庸置疑，资本正在改变中国传媒产业的格局，而“入世”十余年来称得上真正对传媒产业发生深远影响的，恰是来自境外的带有资源背景的产业资本，以及在与之共舞中不断博弈且日趋理性的国内民营资本。境外资本的市场进入，给予中国传媒产业激荡的外部推动力，为产业的复兴与成熟带来正面积极的影响。

一、境外资本进入的积极影响分析

（一）增加中国传媒产业发展的资本存量

早期的境外资本增加了国内传媒产业发展的资本存量，体现为资本流入效应，一定程度上缓解了困扰传媒产业发展的“资本短板”。如中国的大片时代、发行业整合营销传播（Integrated Marketing Communications）观念的导入以及多厅影院品牌运营管理模式等行业嬗变的背后，都不乏境外资本这一重要推手的存在。同时，外资的进入对于国内投资具有一定的示范效应，随着外资进入力度的加大、增值空间的放大，国内民营资本、跨界资本很快进行了仿效投资，这对于打破中国传媒业陈旧的投资模式、投资范围、投资渠道等具有积极意义。

（二）境外资本的技术溢出效应

境外资本在进入中国传媒产业过程中带来了技术溢出效应。无论是新古典增长理论还是新增长理论都承认甚至强调技术是比资本更为重要的经济增长因素。如在电影产业中，在由艺术本位向电影工业转型的过程中，国际直接投资所带动的国际技术流动让中国电影人受益匪浅。例如在制片领域，多年来通过对进口片市场规律的不断观测，通过对中外合拍模式的反复实践，国产商业影片逐步找到大众市场中的一己之地。本研究通过艺恩娱乐决策智库对 2000 年 1 月 1 日至 2012 年 10 月 25 日中国内陆市场票房年度前 30 位的影片检索后发现：(见图 5－1)进口片在这近 12 年间，每年度跻身排名前 30 位的影片数量占绝对优势，且总量较为平稳，保持在 12 部到 21 部的区间内。合拍片在 2008 年出现拐点，跻身排名前 30 位的数量由 2007 年处于峰值的 9 部逐年衰退至 2011 年的 2 部，仅高于 2004 年的水平。国产片年度排名前 30 位影片数量则从 2008 年起稳步上升，2010 年达到 15 部，首度超越同年跻身排名前 30 位的进口影片数量，并在 2011 年与进口影片持平在 14 部均线。尽管每年上映的国产影片绝对数量远高于进口影片与合拍片，但年度票房排名前 30 位的入围数量曲线真实地反映出国产影片在泥沙俱下的市场洗礼中，沉淀并为市场公正认可的票房空间正在逐步放大。

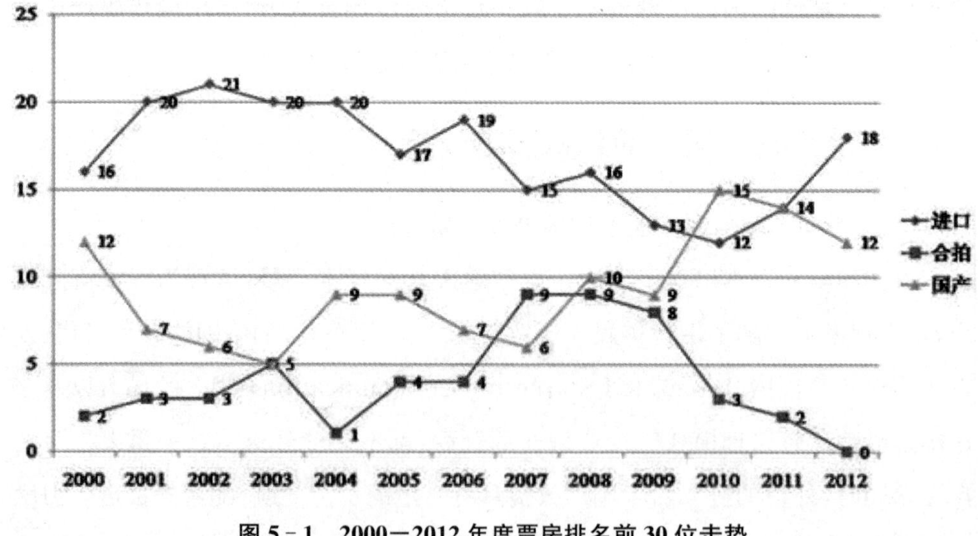

图 5－1　2000—2012 年度票房排名前 30 位走势

事实上，技术溢出的产业福利也是双向的，境外资本同样在中国传媒产业中教学相长。电影产业中香港电影人的集体“北漂”成就了“新香港电影”复兴，其中就是技术溢出，香港电影人学习提升的动因。

（三）优化了市场结构和产业格局

在境外资本规模、可选择进入模式、可流向行业领域受限阶段，中国传媒产业中很多行业基本属于寡头垄断市场，如电影产业中市场主体只有屈指可数的几家国有电影公司，市场格局单一、集中度过高。境外资本市场准入的逐步开放推进了垄断竞争市场的形成，传媒产品和服务呈现差异化，消费者选择日益多元，提高了消费者的福利和生活质量，产业格局日趋宽广。

“社会/民营电影企业与中国电影集团等国有电影企业共同构成中国电影产业的主力军并开始向综合型媒介集团发展；电影收入的主要指标大幅度增加，国际市场、电视和其他版权交易成为重要电影市场，促进了大电影产业的基本形成；电影业进入整合营销阶段，大制作电影和电影品牌成为中国电影产业的核心资源，市场空前活跃，电影消费热情逐渐扩展。”①

以下对境外资本对中国电影产业市场格局、绩效的影响进行分析。根据见诸媒体的公开信息以及行业内部数据报告为数据源，对境外资本近年来的市场绩效（确切地说是市场作为）作宏观层面的定量评估。

第一，制片领域。据艺恩娱乐决策智库统计，2005 年至 2011 年进口影片累计票房达 185 亿元票房，占 7 年中国大陆地区总票房（416 亿元）的 45%左右，2012 年上半年进口片占比达到 68.5%，以商品资本形式进入内陆的进口片的市场份额已过“半壁江山”（见图 5－2）。

合拍片方面，据中国电影合作制片公司共计：2001 年至 2012 年 6 月 30 日，中外合拍故事片总数为 433 部，相当于 2008 年国产片全年产量（406 部）（见表 5－1）。

尽管“合拍”承载着中国电影产业“走出去”的夙愿，但事实上投资回报的最大兑现终究还是在中国本土市场。截至 2012 年 10 月 25 日，据艺恩娱乐决策智库统计：在中国大陆地区历史票房排行前 30 影片中，合拍片占据 4 席，美国影片

---

① 尹鸿，王晓丰.当前中国电影的产业格局[EB/OL].人民网传媒频道，http://media.people.com.cn/GB/22100/76588/76590/5250269.html.

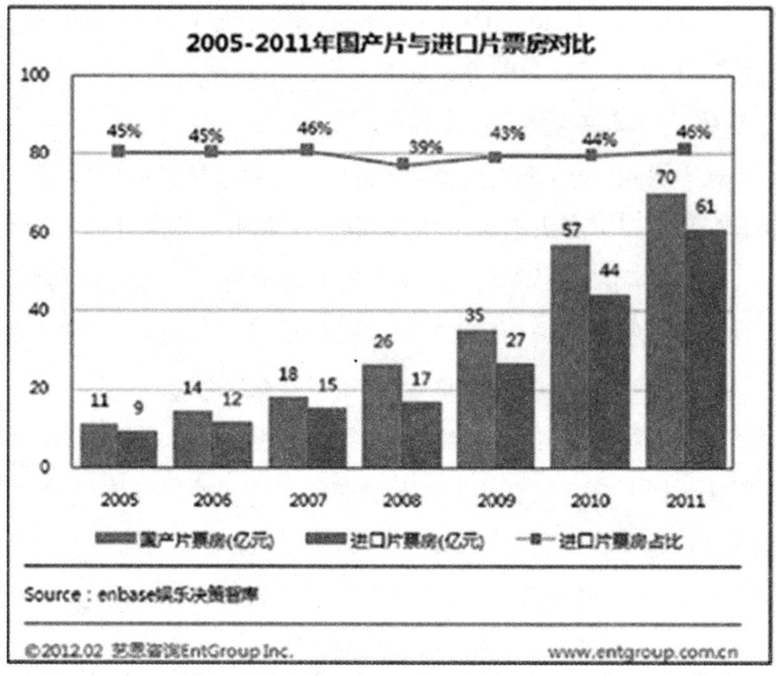

图 5-2　2005—2011 年国产片与进口片票房对比

资料来源：www.entgroup.com.cn

占据 18 席并包揽前三名，国产影片占据 8 席。由此可见，跟大多数国家情况别无二致，票房的话语权主要掌握在美国大片手中；来自美国的产业资本在内容生产环节具有相当强的渗透力与掌控性。

表 5-1　2001—2012 年 6 月 30 日中外合拍片的主要合拍国家（地区）与数量①

合拍国/地区	数量（部）	占比（%）
中国香港	288	69.0%
中国台湾	43	10.3%
美国	36	8.6%
欧盟国家	36	8.6%
日本	20	4.8%
韩国	10	2.4%

① 林莉丽，李霆钧.中外合拍：整合资源技术人才赢得市场走向世界[N]. 中国电影报，2012—8—9：20—21.

表 5-2　2009—2011 发行公司年度排名与市场份额①

排名	2009 年度排名与市场份额		2010 年度排名与市场份额		2011 年度排名与市场份额	
1	中影	38.4%	中影	36.2%	中影	38.7%
2	华夏	20.7%	华夏	19.9%	华夏	24.4%
3	*博纳影业	9.6%	华谊兄弟	8.6%	*博纳影业	8.1%
4	华谊兄弟	7.0%	中影数字	6.0%	光线影业	4.3%
5	中影数字	5.8%	*博纳影业	4.1%	新画面	2.1%
6	上海东方	3.1%	上海东方	2.8%	华谊兄弟	2.0%
7	光线影业	3.1%	光线影业	2.7%	小马奔腾	1.8%
8	大盛传媒	—	大盛传媒	2.4%	*华天下	1.6%
9	不亦乐乎	—	不亦乐乎	1.6%	上海东方	1.3%
10	*英皇	—	*英皇	1.2%	星美影业	1.1%

第二，发行领域。由于进口影片的发行权由中影和华夏两家大型国企垄断，所以外资背景的发行公司的市场份额并不算显著。博纳影业（纳斯达克交易代码 BONA）在过去三年中的总体表现出色，一直保持了 8%以上的份额。值得注意的是，英皇和华天下这两家港资背景的电影发行公司也分别在 2010 年度和 2011 年度榜上有名（见表 5-2）。在中国电影行业，电影公司发行业务的市场份额指标与影片票房的市场份额具有正相关性——绝大多数影片均为自主投资自主发行——上述三家发行公司的市场份额亦即体现出其制作影片的年度票房不在小数。

第三，放映领域。在影院结构中，具有外资背景的影院多年来凭借其优越的地理位置、高端的硬件设施、优良的服务品质和高效的运营管理获得了观影人次和总票房上的竞争优势，其中不乏中国影院的标杆。

通过对近三年（2009 年至 2011 年）国内年度票房前十位影院排名后可以发

① 根据艺恩咨询《2010—2011 年中国电影产业研究报告》（收费版）第 66 页，《2011—2012 年中国电影产业研究报告》（简版）第 16 页相关数据汇总整理。

现：具有外资背景的影院在2009年度上榜数为4间，其中成绩最佳的为总体排名第四位的深圳嘉禾影城；2010年上榜数仍为4间，但却包揽了前三名席位；2011年上榜数继续为4间，其中成绩最佳的为总体排名第一位的北京耀莱成龙国际影城（由香港明星成龙与耀莱集团共同投资打造）（见表5-3）。

表5-3 2009—2011年度票房前十影院排名[①]

排序	2009年度	2010年	2011年
1	广州飞扬影城	北京UME华星国际	北京耀莱成龙国际影城
2	北京首都华融影院	重庆UME影城	北京首都华融影城
3	武汉万达影城	深圳嘉禾影城	深圳嘉禾影城
4	深圳嘉禾影城	北京首都华融影院	北京UME华星国际
5	重庆UME影城	上海和平影都	上海万达影城
6	北京UME华星国际	广州飞扬影城	重庆UME影城
7	上海永华国际影城	福建金逸影城	广州飞扬影城
8	天津万达影城	上海永华国际影城	北京万达CBD店
9	北京星美国际影城	武汉万达影城	上海星美正大店
10	北京万达CBD店	北京星美国际影城	广州万达影城

总体而言，具有外资背景的影院在近三年的年度前十上榜率均为40%，历年名次最差的也仅为2011年度排名第六的重庆UME影城，可见外资影院在综合运营实力上已经具有整体性优势，非常值得国内影院学习借鉴。

（四）促进了中国电影业的制度变迁

境外资本进入中国电影业是一个渐进性的过程，资本规模的加大、进入模式的增多、行业广度的加强等发展，均对中国电影业的制度变迁产生了重要影响。尽管针对外资的规制和管理制度显示某些滞后性和反复性（例如仅针对外资开设影院就有若干后续补充性规定文件），但无论是以政府为主体的自上而下的强制性制度变迁，还是以基层为主导的自下而上的诱致性制度变迁，无不体现出产

① 根据《2010年中国电影产业研究报告》，第11页；《2011年中国电影产业研究报告》，第122页；《2012年中国电影产业研究报告》，第53页相关数据汇总整理。

业宏观制度、行业管理制度及企业内部制度的自我完善和效率提升的过程。

二、境外资本进入的消极影响分析

事物皆有两面性，境外资本亦不例外，在客观地评价其对中国传媒产业正面影响的同时，也必须清醒地认识到它产生或潜在的负面影响，传媒市场是一种特殊的市场，因为其商品不但具有经济属性，还有着政治属性与文化属性，因此其消极影响尤其需要关注。

（一）破败中国文化的多样性和民族性

从国家文化安全的角度看，传媒产品蕴含着丰富的文化内涵，它涉及社会多层次的公共利益，关乎公共文化价值观。驱使中国本土文化渐趋功利性、趋同性，削弱本土文化的民族性、多元性。产业资本毋庸置疑带有来源国（地区）特有的文化模式（例如截然不同的社会价值观或审美标准）以及对进入国文化结构的改造效应，也势必与中国文化结构产生持续碰撞和交互适应。然而在产业化跨越式发展的道路上，“传媒”的商品性始终被资本放大，而外部性往往被市场掩盖；在与境外富有国际竞争力的传媒产品竞争中以及与全球领先的传媒商业模式合作博弈的过程中，中国传媒产业短期内难以具备显著的竞争优势。

诚如欧盟对于包括传媒的试听内容产品的认定：作为商品，其运作管理必须尊重产业原则和市场规律；作为公共产品，有传递文化价值观和社会舆论导向功能；同时具有政治倾向性，在国际关系中履行重要的外交职能。随着好莱坞文化及商业模式的长驱直入，中国电影市场对其商业文化的积累性偏好，对其商业模式的路径依赖正逐步加强。据艾瑞咨询集团 iclick 调研社区网络于 2011 年 2 月至 3 月的调研数据（n=3 273）显示：56%的中国观众“更喜欢观看进口影片”，26%的观众“更喜欢看国产影片”，18%的观众“没有特别倾向”。[①] 就“入世”以来中国引进片的总体数量和类型而分析，此处所谓“进口影片”几乎可以与好莱坞类型片划等号。好莱坞化的市场需求直接导致了市场供给的好莱坞式，一时间“类型片”、“大投入大制作”、“高概念”、“大场景大特效”成为国内制片业、发行

① 艺恩咨询，2010—2011 年中国电影产业研究报告，第 280 页。

业和放映业的追捧标准，而“艺术片”、“小制作”、“反类型”只因被视作市场异类而“拷贝一日游”，电影文化的多样性因而难以生成。

（二）不利于本土传媒企业创新

从产业安全与市场发展的角度看，我国传媒业面对国际传媒巨人的挑战，难免会受到巨大冲击。例如境外资本可能造成中国电影行业依赖境外电影技术与服务的“拿来主义”，缺乏内部创新动力。电影是艺术与技术高度融合相得益彰的产物，然而一部《阿凡达》一方面充分印证了多年前美国电影理论家劳拉·穆尔维(Laura Mulvey)的预言——电影终将完成由“叙述电影”模式向“景观电影”模式的深刻转变——另一方面也给全球电影工业带来某种技术主义的错觉。“3D影像”、“IMAX银幕”、“4D影院”等技术与服务备受瞩目，中国电影业无疑也融入到这股“技术求新”浪潮中。例如最新数据显示：“目前国内IMAX影院数量达到78家，已经是2010年初的6倍。到2012年底，国内IMAX影院数量超过100家，已经签约但还没有开业的IMAX影院数量超过150家。”[①]与此同时，作为国内标杆企业的博纳影业、华谊兄弟等自2011年以来陆续有3D格式影片面市，势必引领3D制片热潮。

再如，美国1948年颁布旨在破除传媒产业垂直垄断的反垄断法，要求制片方不可兼营院线发行和影院业务，上下游必须各归其位。不过在当前国内，尚无针对外资的相关约束。可以预料的是，目前这种“产业上游往下游延伸，下游往上游发展的基本势态，在未来将不可避免地形成垄断，而且会进一步将这种垄断固化”[②]，如果对外资不加以监管控制同样会影响国内传媒产业的市场结构，影响传媒企业的创新行为。

（三）对中国文化安全带来挑战

在中国传媒产业整体素质尚薄弱，传媒市场不够完善的情况下，外资的进入如果得不到正确规制与妥善监管必然后患无穷。境外资本的进入加大了中国在产业宏观调控、行业规制、行政管理上的技术难度。正如研究所发现的那样，外资曲线入境的模式具有隐蔽性、多样性，而对于新模式的管控往往滞后于新模式

---

① IMAX中国业务爆发：影院数为两年前6倍[N]. 经济观察报，2012－9－14.

② 舒可文，等.中国电影资本疯狂：100亿太少[J]. 三联生活周刊，2011－1－3：35.

的产生。近年来，外资进入模式日益复杂多样，有待应对的具体问题包括但不限于以下几个方面：

例如，针对国内电影企业海外上市之后的管控问题；国内知识产权海外交易的监管问题。最典型的案例就是《喜羊羊与灰太狼》，其品牌价值在电影市场获得体现和局部兑现之后，版权方“广东原创动力”将形象版权和商品权注入“动漫火车集团”，并由香港上市公司意马国际以10亿港元收购该公司。同时，“动漫火车集团”将相关权益转售迪士尼公司，借此“喜羊羊与灰太狼”商业权益归属海外投资者。

又如，针对合拍片的管理问题。近年来不少境外投资人假借与中方企业合拍的名义将境外影片输入中国市场，“假合拍”现象甚至引发国际舆论关注，法国导演让·雅克·阿诺穆亦在公开场合表示：“中美合拍片如果一味以美国为主，只能帮助好莱坞进一步占领中国市场，后果不堪设想。”①

中国传媒业与发达国家传媒产业相比尚处于幼嫩时期，尤其是在合理利用外资方面更是如此，虽然外资进入难免会对其带来一些问题，但从客观环境与主观发展的角度来看，都不能因噎废食，同时只要能对进入的外资进行合理规制，建立科学的监管体系，扬长避短，必将最大化让外资为我所用。

① 综艺报，2012年10月10日，第5页。

第六章
国际外资监管经验与我国传媒外资监管的问题分析

一、外资监管的国内外研究现状

（一）研究演进

国际传媒集团进入我国的时间最早可以追溯至20世纪70年代末80年代初，主要涉及专业技术期刊市场。当时在全球拥有270家专业出版物的国际数据公司IDG在中国合作出版了12种刊物，其中最有名的就是后来研究中多被提及的《计算机世界报》[①]。2000年后，我国学者对传媒业中的外资研究的数量显著增加，大多探讨了外资传媒在华经营模式及其影响等。

中国入世后，外资进入中国传媒业的步伐也有所加大，学者的研究也大幅增加。丁柏铨教授等关于《对"入世"后中国新闻传播业的考察 》主要对入世后中国传媒业的景象变革做了具体阐述，如"外国资本、民营资本投资传媒的行为愈发频繁，新的传播经营机构不断问世"等，提出了国内新闻传媒面临的严峻挑战，如何甩掉包袱整合资源做大做强，在市场竞争中占据强势地位成为最大的思考问题。童兵教授在《加入世贸组织三年中国传媒格局的嬗变与前瞻》中论述道，中国入世三年，中国传媒业已顺利走出应对的第一步，中国传媒业有了新的格局："中资传媒整合紧锣密鼓，转型改制力求做大做强"，"外资传媒进入得陇望

① 姜飞.海外传媒在中国[M].北京：中国文联出版社，2005：1.

蜀,传媒竞争浪潮风起云涌”。展望未来,中国传媒业的拓展仍有巨大空间,新的一轮改革已经启动,并以体制的调整作为核心。

在外资进入我国传媒业后的正负效应方面,聂莉认为作为世界上最大的未开发的媒体市场是国际资本追逐的焦点,她总结了外资进入中国的规律,探讨了中国传媒市场的开放度并尝试论证了外资入华的效应。禹建强主要从关联效应、示范效应、竞争效应、人才培育效应方面具体阐述了外资进入中国传媒业的“溢出效应”。

国外学者对外资进入一国传媒业的研究,主要有两类观点:一方理论出发点主要为文化帝国主义,认为传媒业不应仅被视为经济商品,它特有的文化意涵、意识形态及重要的公共利益,会因为外资的涌入产生负面的影响。“文化侵略”与“信息不平衡”便是此派研究者最为极端的控诉,Clement G Krouse,Schiller,Hamelink 等均为此派观点①。另一方持乐观态度的学者,如 Schramm 阐述了引进外资的益处,认为其可以帮助东道国传媒业及相关产业的发展(1964);Peter Givler 和 Mark Wheeler 也是倾向现代化理论、科技决定论的观点的拥护者。②③ Sabine Brünger-Weiland, Rob Kling, Geoffrey McKim, Edward J.和 Gantz Walter 等分析了科技传播的作用,认为向西方引进传播新科技能够提升本国文化。④⑤⑥

此外,研究传媒全球化和跨国传媒集团有影响力的学者有:美国的 Albarran, Alan B.,在他主编的 *Global media economics: Commercialization*,

① [美] Clement G Krouse, Jongsur Park. Local exchange competition and the telecommunications Act of 1996 [J]. *Information Economics and Policy*, 2003,15(2):223—241.

② [加] Peter Givler. Deep Structure: Copyright, Contracts and the Business of Publishing [J]. *Journal of Scholarly Publishing*, 2004, 35(2): 65—72.

③ [英] Mark Wheeler. Supranational Regulation: TV and the European Union [J]. *European Journal of Communication*, 2004, 19(3):349—369.

④ [德]Sabine Brünger-Weilandt. E-Science — Advancing new ways of scientific communication [J]. *Information Services and Use*, 2007,27(4):161—166.

⑤ [美]Rob Kling, Geoffrey McKim. Not just a matter of time: Field differences and the shaping of electronic media in supporting scientific communication [J]. *Journal of the American Society for Information Science*, 2000,51(14): 1306—1320.

⑥ Fink, Edward J., Gantz, Walter. A Content Analysis of Three Mass Communication Research Traditions: Social Science, Interpretive Studies, and Critical Analysis [J]. *Journalism and Mass Communication Quarterly*, 1996, 73(1): 114—134.

Concentration, and Integration of World Media Markets(1998)中对 19 个国家或地区的传媒经济逐一进行简要的剖析。Price, Monroe E.在 *Media and sovereignty: the global information revolution and its challenge to state power*(2002)以媒介与国家的关系为核心,从地缘政治、技术、意识形态等视角描绘了全球媒介结构的变化格局,并考察了国家集团通过政策调整实现控制信息流动的做法。爱德华·赫尔曼,罗伯特·麦克切斯尼在《全球媒体—全球资本主义的新传教士》(2001)介绍了居于世界前列的全球媒体跨国公司的兴起与发展,通过对这些传媒集团经营的分析,为全球媒体发展提供了新资料和准确数据。

总体而言,外资进入中国传媒业的开放度逐步提高,国内研究视角多集中于外资进入的方式与渠道、进入后影响与效应分析等相关问题,以定性研究为主。

(二) 研究分类

传媒业监管的理论依据主要来自西方经典的规制经济学。我国研究者在此方面的研究主要分为两类,一类是对媒介产业政府规制的研究或中观视角的对各媒介形态产业监管的论述;另一类是对发达国家媒介规制的研究。但涉及传媒业外资监管的论述明显不足,现有的为数不多的研究也仅是对"外资准入阶段"的监管论述。

"有关传媒行业政府监管制度的理论研究,主要以西方规制经济学领域中对自然垄断行业的微观经济性规制为基础。"①西方学者自 1970 年代末从不同角度、以不同的规制理论解释了自然垄断行业、公用事业等领域中的政府规制行为、规制方式以及规制效果,这些丰富的研究成果均为传媒监管体制改革的部分理论来源。在规制经济学的经典著作 *The Economics of Regulation: Principles and Institutions* 中,认为政府规制是一种制度安排,是对特定产业的结构及其经济绩效的直接的政府规定。② 在规制经济学的体系中,政府规制理由的传统解释在于政府规制可以弥补"自然垄断"、"外部性"等"市场缺陷"带来的效率损失,以保护公众利益不受损害。③ 后来在发展过程中,政府规制理论主要形成了

---

① 屠正锋. 中国传媒业的监管与规范[D]. 上海: 复旦大学,2007.

② [美] Alfred E. Kahn. The Economics of Regulation: Principles and Institutions [M]. New York: Wiley, 1970: 3.

③ 李岚. 传媒产业的理论视角:控制与影响因素分析[J]. 现代传播,2004(5): 77—88.

几个有代表性的流派：

公共利益规制理论(Public Interest Theory of Regulation)，这一观点主要回应了政府对“市场失灵”的作用，此理论一度支持了当时各国广泛采用广播电视管制的政策，以及传媒业所有权集中化的讨论中。随着时间推移，斯蒂格勒等人(1971)相继发展了捕获理论(the Capture Theory)，认为被监管者适应和熟悉监管的立法和行政程序后，常会利用监管当局，最终使监管政策被监管利益集团所左右而为其谋取利益，不能真正行使公共利益权利。此领域的学者因此提出放松监管权利过于集中的做法，这样才可以提高整个社会的福利水平。此理论视角对理解中国传媒业现有严格管制下的某些现象有极强的解释力，胡正荣在《媒介寻租、产业整合与媒介资本化过程——对我国媒介制度变迁的分析》一文中的问题分析正是基于此理论(2004)。20世纪80年代以来，美国、英国、日本等发达国家对自然垄断产业进行了放松规制改革，在理论上形成了以激励规制为特征的新规制经济学，其代表人物是让雅克·拉丰和泰勒尔(Laffon，Tirole，1986)[①]，他们成功地将信息经济学与激励理论的基本思想和方法应用于垄断行业的规制，并在1993年出版的著作《政府采购与规制中的激励理论》中完成了激励规制理论框架的构建。[②] 不同激励强度的激励规制政策是许多国家规制体系中的核心内容，并在欧美等国家的实践中取得了良好的效果。尽管关于政府规制经济学研究的著作颇丰，政治学和法学也都在引入此类方法研究法规政策的形成，但依据2005年《传播学期刊》(*Journal of Communication*)2005年上一篇研究发现，传播学界对于传媒业监管的研究大多还仍停留在一般描述性分析上。

我国在传媒业监管的研究方面，我国研究者的研究主要分为两类，一类是对媒介产业政府规制的研究或中观视角的对各媒介形态产业监管的论述。如姚德权(2007)的《中国新闻出版业监管体制模式选择》(2006)、《外资进入中国传媒业态势与政府规制创新 》。另外有一些博士论文也比较系统地研究了传媒业监管的问题，各有长短。张志的《中国广电事业政府规制改革研究》(2003)、于斌的《广播电视产业之法律规制研究》(2006)、陶志峰的《中国报业规制问题研究》

---

① 骆正林．公共政策变迁和媒介生态循环[J]．中国传媒报告，2003(2)．

② 屠正锋．中国传媒业的监管与规范[D]．上海：复旦大学，2007．

(2004)均为一种中观的视角，聚焦一种媒体形态的产业进行的研究。屠正锋的《中国传媒业运行的监管与规范》视角比较宏观，但是其文章中的研究多从公共利益的角度出发，探讨了我国传媒业的监管问题，并无涉及对进入外资的分析。吴曼芳的《媒介的政府规制》一书基于媒介的政府规制理论，尝试给出了适合我国媒介产业的政府规制改革思路，为我国媒介产业政策制定提供了有价值的参考。但该书同样在外资进入我国传媒业的分析方面基本无所涉及。

另一类对发达国家媒介规制研究的论文，如夏倩芳的博士论文《公共利益与广播电视规制》(2004)分析了英、美国家广电业规制的理论渊源与历史演变，对中国当前的传媒业监管问题给出了有益的借鉴。周小普、王丽雅、王冲的《英美数字媒体内容规制初探》(2007)论证了数字传媒发展，渠道融合加速，媒体间各行业的相互交叉渗透，使媒体现有的管理体制和方式已经不能应对新的形势，于是通过梳理英美两国对数字媒体内容监管方面的经验，希望对我国数字媒体内容监管提供一定启示。再如魏永征的《西方传媒的法制、管理和自律》(2003)，李季东、王杰昌的《试析大众传媒业规制的成因》(2006)等。

纵观关于传媒业监管的文章，涉及外资进入情况监管的论述明显不足，现有的为数不多的研究也仅是对“外资准入阶段”的监管论述。湖南大学的姚德权教授与他的研究生在此方面做的研究数量居多。姚德权认为，利用外资而不被外资利用，是中国传媒业外资准入的关键，他强调政府要加紧创新外资准入规制体系。

二、发达国家传媒业典型监管模式

(一) 美国传媒业监管模式

美国针对不同类媒体各自的发展与实际情况，对出版印刷传媒和电子传媒进行了分类监管。

对广电传媒的监管，美国根据媒体的性质不同，即公共广电系统与商业广电系统实行了不同的管理体制和方式。美国广电业主要由私营的商业广电系统和非营利性的公共广电系统构成，此外还有宗教组织或非政府组织的广播电视台、官方广播电视台等，其中私营的商业广电系统一直占主导，而非营利的公共广电系统是商业性广播电视的一个重要补充。

其中，公共广电系统主要通过独立的非政府、非营利性组织公共广播电视协会（CPB）依法进行自主管制。其主要职责是通过颁发非商业性教育传播许可证，促进非商业性、高质量的节目和传播服务发展，推进美国的意识形态和文化的多样性。此外，前身为美国新闻署的广播管理委员会负责监管美国之音、自由电台等对外广播电台，主要监管这些电台对外宣传美国的意识形态。

对于商业广播电视系统，美国主要通过联邦通信委员会（FCC）进行监管。FCC一方面顺应了数字化、网络化、融合化的新转型要求，大幅度放松了对此类商业广播电视系统的监管，另一方面从整体上调整了监管结构和监管方式。[①]联邦通信委员会重新将广播电视监管划分为“行为性监管”和“结构性监管”两种类型，就“行为性监管”界定为“对广播电视媒体的业务活动所进行的规制”；将“结构性监管”界定为“对广播电视市场结构以及市场进入条件的控制”。FCC的监管手段主要为广播电视许可证制度和对节目内容的监管。对媒体所有权的监管，FCC依据美国《1927年无线法》提出的公共利益理念、《1934年通信法》提出的多样性、竞争性和地方主义政策理念以及《1996年通信法》的新规定，实行禁止大众媒介过度集中垄断的监管政策，是典型的结构性规制，一类是针对“支配多家媒体的行为”，另一类是“跨媒体支配的行为”的监管政策。

美国对出版印刷传媒，除了因传媒业的特殊属性对其所有权进行了特别限制外，其他基本上是按照普通公司的监管进行的。

（二）英国传媒业监管模式

2000年12月，英国政府发布了题为《通信的新未来》的白皮书，强调在数字时代政府必须要放松对媒介的管制，但也要维护公共广播电视在英国的特殊地位。同时在白皮书上，也放宽了对商业电视网在内容上的限制，并赋予商业点失望自我发展的权利。

改革之前，英国的传媒控制体制也基本上是采取分业监管。英国文化媒介

① 国家广电总局发展研究中心课题组．发达国家广播影视管理体制和管理手段研究[M]．北京：中国传媒大学出版社，2007：18—22．

体育部(DCMS)和贸易工业部(DTI)主要制定传媒政策,不具体监管传媒,具体监管由其下设的相对独立的英国广播公司、独立电视委员会、广播电台管理委员会等机构来负责。改革后,英国传媒业主要依靠传媒行业组织来自律,行业组织实际解决了政府的大部分监管问题,政府监管色彩相对较淡,但是政府并非放弃监管,而是主要以监管为压力要求行业自律实现对传媒的控制。①

英国印刷传媒主要靠两个报业委员会和申诉委员会进行监管,而这两个管理组织却不具有执法功能,同时也没有公正性、准确性方面的法律约束。

英国广播电视的监管也分为私有广播电视监管和国有广播电视监管。国有广播电视归英国广播公司监管;独立电视委员会负责监管私营电视,主要颁发商业电视许可证,监管被许可者所从事的服务性播出,包括相关节目内容的设置标准。私营广播电台属于广播电台管理委员会监管范围,主要通过颁发商业性广播许可证等方式实现对电台的节目内容、广告等方面的监管职责,广播标准委员会监管广播节目质量。此外还有新闻控诉委员会等行业组织进行辅助管理。

英国对互联网的监管也主要由网络观察基金会这一行业组织来进行,它的主要职责是阻止互联网出现的违法犯罪活动,如色情、宗教歧视等。同时接受投诉并对网络进行分级:网络使用者可向基金会投诉在互联网上看到的不良图片,基金会可要求网络商从其网站上撤掉相应图片;对网络进行分级,并贴示相关警示,同时牵头开发过滤软件来控制分级。

比较美国和英国2002年之前传媒监管,美国的传媒分业监管相对集中,而英国的传媒分业监管则相对分散,所以,传媒行业组织强调自律性,有限地弥补了分业监管的弊端。

从市场准入角度看,英国新的通信法废止了媒介经营许可证制度,进入英国通信、广播、电视、网络等行业不再需要像以前那样提交申请,只要向统一的监管机构通信办公厅(OFCOM)报告自己的意图即可。但为了规避市场操作的风险,法律要求通信办公厅制定市场支配力量的标准,以防止市场份额被少数企业控制。如果此类情况发生,必须要求相关企业承担一定的责任,并采取控制价格、成本定价等措施促进市场竞争。

---

① 柏杨.我国传媒监管体制的路径选择[J].中国广播电视学刊,2007(5):22—24.

从市场结构角度看，英国新的通信法放松了对传媒所有权的集中管制。原来的法律规定，除英国广播公司外，其余的广播电视公司拥有的英国观众份额不得超过15%，报纸发行了不得超过市场份额的20%。2001年12月，英国文化、媒体和体育部重新规定了媒介所有权的相关事宜：每一个电视频道的市场份额不可以超过15%，任何媒介集团所有者在报业、广播和电视的各媒介市场拥有受众分别不得超过20%，在两种传媒市场的占有率不能超过30%，且倘若拥有报纸20%市场份额的集团就不能同时拥有无线电视或广播。[①] 2003年新的通信法进一步放松了在所有权方面的管制，为英国的传媒业创造了更为自由的竞争环境。

（三）新加坡传媒业监管模式

新加坡政府近年来对传媒业的监管体制进行了大幅度的改革。2003年开始，新加坡政府推出"21世纪媒介（Media 21）"计划，把新加坡定位为"全球性的媒介城市"。这一年新成立的媒介发展局（Media Development Authority）便是新加坡政府在传媒业融合化背景下，为适应媒介环境的新变化，推动传媒行业的发展，建立高效的媒介监管机制而采取的重大举措。这也标志着新加坡对传媒监管机构的整合，建立了混业监管的体制，由专门的行政机构对传媒进行统一监管。传媒发展局的行政监管范围包括报纸、广播电视、电影制作、计算机网络、动画制作、多媒体服务、随选视讯、3G多媒体等传媒，其职责主要是监管传媒的所有权、颁发传媒许可证、监管传播内容和传媒从业人员。

在新加坡，广播电视传媒基本属官方经营，报纸则是社会公众及集团所有，以"政府控制、公众所有、集团经营"为模式特点。

新加坡还是世界上第一个公开宣布对互联网实行管制的国家。新加坡通信发展局（IDA）主要对互联网进行技术管理，而媒介发展局依然监管其内容，因此，新加坡的网络服务提供商都拥有来自两个不同监管机构的牌照，并遵守2套法律法规。

由于历史原因，新加坡对传媒也的监管十分严格，同时各项法规对大小事务都进行了详尽的规制，传媒公司在所有权、人事权等各个方面都受到政府的严格

---

① 吴曼芳．媒介的政府规制[M]．北京：中国电影出版社，2008：145.

控制。“但在‘管’的同时，新加坡政府也关注到了‘放’。他们给传媒公司相应的权利和为它们创造一个很好的发展空间，如传媒资本只要不是过于集中，其市场是开放的；传媒公司日常事务政府很少干预等。”①

三、我国传媒业的监管现状与问题

（一）监管机构的现状

根据我国现行法律法规规章的规定，我国传媒监管机构的构成主要有两个维度：中央政府级别的传媒主要监管机构与传媒协助监管机构、地方政府级别的传媒主办主管单位。

1. 中央政府级别的传媒主要监管机构

目前，根据相关法规，我国传媒业直接监管行政部门的划分主要以媒介形态为区分，主要包括文化部、国家新闻出版广电总局、工信部等。

文化部是我国国务院的组成部门，主管我国文化产业，传媒业作为文化产业的核心内容自然在其管辖之内。文化部的监管主要在宏观层面，如对我国文化产业政策、法律法规等制定等。

国家新闻出版广电总局是国务院主管新闻出版、广播影视和著作权管理的直属机构，设22个内设机构：办公厅、政策法制司、规划发展司（改革办公室）、公共服务司、综合业务司、宣传司、新闻报刊司、电影局、出版管理司（古籍整理出版规划办公室）、电视剧司、印刷发行司、传媒机构管理司、数字出版司、网络视听节目管理司、反非法和违禁出版物司（全国“扫黄打非”工作办公室）、版权管理司、进口管理司、科技司、财务司、国际合作司（港澳台办公室）、人事司和保卫司。其职能涉及对外资政策与监管的主要包括：起草关于新闻出版的法律法规草案，研究拟定新闻出版业的方针政策，制定新闻出版的规章和重要管理措施并组织实施和监督检查；制定新闻出版业的发展规划、宏观调控目标和产业政策并指导实施；参与拟定新闻出版业的经济政策和有关的经济性宏观调节措施；拟定出版物市场的宏观调控政策、法规并指导实施；核准新闻出版中外合资企业和中外合作

① 孙发友，李艳华. 新加坡新闻传媒控制模式透视[J]. 编辑之友，2005(2)：22－24.

企业的设立；负责新闻出版和著作权对外交流与合作的有关工作；管理、协调书报刊和电子出版物的进出口贸易；拟定广播电影电视方针政策，起草广播电影电视和信息网络视听节目服务的法律法规草案；制定广播电影电视事业、产业发展规划；负责广播电影电视、信息网络视听节目服务机构和业务的监管并实施准入和退出管理，指导对从事广播电影电视节目制作民办机构的监管工作；指导、管理广播电影电视对外及对港澳台的交流与合作，负责广播电影电视节目的进口和收录管理。

工信部是我国国务院的组成部门，其余传媒业直接相关的监管为主要负责互联网行业管理。

2. 中央政府级别的传媒协助监管机构

此类的监管部门比较繁多，例如商务部、公安部、安全部、外交部、教育部、国家药品监督管理局、国务院新闻办公室也在其职权范围内负责传媒监管工作。

3. 传媒组织监管机构

根据我国现行法律法规规章，大部分传媒组织只有单位才能设立或者申请设立，并且这些单位对其设立或者申请设立的传媒组织有监管职责。① 对于广播电影电视的监管，主要是省级政府部门的广播电影电视局。主管主办制度也是中国特色社会主义新闻出版制度之一，《出版管理条例》等相关法规明确规定了主管单位对报刊出版单位导向、资产、人员等重大事项的全面管理职责。② 最新修订的《出版管理条例》第四十九条特别增加了主管单位和主办单位责任的相关条款，指出："出版单位的主办单位及其主管机关对所属出版单位出版活动负有直接管理责任，并应当配合出版行政主管部门督促所属出版单位执行各项管理规定。"中央报刊主管单位要从全党全国工作大局出发，进一步增强依法切实履行管理职责的责任意识，落实"谁主管谁负责"的原则，守好自己的阵地，管好自己的队伍，落实好中央的要求，执行好管理的法规制度，切实履行好管理职责。

（二）监管体系的主要问题

从上述我国传媒业监管机构的设置、职能安排中不难发现，我国传媒业的监

---

① 柏杨. 我国传媒监管体制的路径选择[J]. 中国广播电视学刊，2007(5)：22—24.

② 人民网. 2011年中央报刊主管单位工作会议召开：总署将推动第一批非时政类报刊转企改制［C/OL］.［2011—05—21］http://media.people.com.cn/GB/221752/221753/221762/14700510.html.

管体制在横向上属于分业监管，在纵向上属于不完全集权监管，集两类原本就有较大弊端的监管模式于一身，自然较多问题会相应而生。如监管部门多而且职权分配相对分散；监管行政主体条块分割现象严重，致使我国传媒业非但无法发挥规模经济的优势，还阻碍了传媒集团的壮大发展等，存在问题颇多。

总体来看，我国现行的传媒监管体制依然是计划经济的产物，已不能适应市场经济和传媒产业化的需要，需要依国情加大改革力度，探索适应市场经济的传媒监管的新体制。

第七章

中国传媒业外资监管的改革路径

一、中国传媒业外资监管改革的理论框架

借鉴金融监管学与政府监管理论的相关知识，监管实际是一个复合概念，包括监督与管理的双重属性。一般来说，监管是国家为了达到某种目的，凭借其政治权力对被监管者的自由所实施的强制性限制。应用于中国传媒业外资监管方面，即可理解为对进入中国传媒产业外资的机构和市场运营进行监督与引导管理，以确保传媒产业的健康发展与繁荣经营。

很好地理解监管理论的渊源，有助于我们更清楚地认识监管制度与行为的发展，且更透彻地把握监管思想的脉络，能高屋建瓴地指导监管模式的建构。

Regulation（监管、规制），最早的概念可以追溯到古罗马时代，是指政府官员制定法令允许受规制的工商企业提供基本的产品和服务。[①] 一般认为，在经济学中，对监管最有影响的理论有三种，分别是社会利益论（the Public Interest Theory）、捕获理论（the Capture Theory）、经济监管论（ the Economic Theory of Regulation）。[②]

社会利益论认为，完全的市场竞争并不存在。在市场经济中，存在外部经济

---

① 朱昭林，任超峰．中美政府规制的比较制度分析[J]．贵州大学学报，2008(5)：38－39.

② 孙效敏．外资并购境内企业监管研究[M]．北京：北京大学出版社，2010：29.

效应、信息不对称、垄断等构成的市场失灵,如果只等市场单独调节,无疑会造成资源配置浪费、社会分配不公、公共物品供应不足等问题。因此作为社会公共利益代表的政府就应该用“看得见的手”弥补“看不见的手”之缺陷,对市场进行干预和监督。由此理论,监管通常发生在市场失灵的领域,目的是纠正市场缺陷,增进资源有效配置,保护社会公共利益。

捕获理论也叫做追逐论。此理论将监管者和被监管者的关系形象化,主要认为,随着时间推移,被监管者适应和熟悉监管的立法和行政程序后,被监管者常会利用监管当局,致使监管常常为被监管业界的利益服务,最终监管政策会被利益集团所左右而为其谋取利益,而不能真正行使公共利益权利。此领域的学者因此提出放松监管权利过于集中的做法,这样才可以提高整个社会的福利水平。

经济监管理论较晚才产生,是目前比较完善的理论。此理论认为,监管是配置进入服务市场中的需求和供给,需求者是利益集团,供给者是政府和政党,在被监管的过程中,不同利益集团的利益均得到了提高。美国学者斯蒂格勒在《经济管制的理论》一文中以管制的供求为分析基础,对政府介入管制的目的是从公共利益出发提出了质疑,管制的需求是管制可以带来的利益,而管制的供给则是政府和政党的利益,最终的结果取决于供求双方的博弈。

中国学者孙效敏认为,目前还没有一种理论能够从理论与实践上完全令人满意地解释政府的各种监管行为,但这并不影响在现实生活中政府对市场进行有效的监管。社会利益论从市场缺陷入手,分析监管有利于增进社会效益,作为监管的基础理论虽有一定的局限性,但是也有适当的适用空间。捕获理论主张放弃监管虽不完全可取,但是警醒权利机关在监管时,要注意被监管者的利用行为也是非常重要的。经济监管理论虽在逻辑推理论证方面相对精致,但对于现实问题的解释力还有待提高。为此,在现有政府监管中,取各种理论之所长,力求对中国传媒业的外资实施有效监管。

现代政府监管理论起源于19世纪的美国,是依托于产业组织学和制度经济学的理论框架,是产业经济发展的必然产物。20世纪70年代,随着美国产业经济的快速发展,政府规制经济学进入了成熟时期。Kahn是政府规制概念早期的研究者，他认为政府规制是一种制度安排，是对特定产业的结构及其经济绩效的直接的政府规定。他认为规制的实质是政府命令对竞争的明显取代，通过经济制度的安排维护良好的经济绩效。[①] 该理论在后来几十年的发展过程中，在不同学科与流派中产生了不同的诠释。

美国规制经济学家维斯卡西对政府规制的原始定义是：政府管理部门通过对产业部门的控制力，对市场中个人或组织的生产、交易和分配活动做出的强制性规定，以限制消费者和厂商的经济决策。维斯卡西的规制思想其实是对国家垄断资本主义完全控制市场的一种总结，是早期的规制思想，可以看成是一种政府管制，即经过政府规制改革之前的国家干预形态。

随着产业经济的高速发展，诺贝尔经济学奖获得者约瑟夫·斯蒂格利茨(Joseph. E. Stiglitz)对规制理论有着更系统透彻的研究，不仅仅将政府规制局限于管制特定产业的市场行为，认为政府规制不仅是被动的限制产业出现的问题，更应当承担其维护产业生存，扶持产业发展和调整产业结构的责任。这一政府规制的思想相对于早期理论，显然更为先进。

中国学者吴曼芳在其研究中对政府规制给出的定义是：在市场经济的国家环境下，政府为实现某种公共政策目标或产业经济目标，通过规制部门对特定产业的市场进出、价格水平、价格机构、外部性影响、信息优势等市场结构和市场行为进行的规范、引导和激励。[②] 具体来说，这种规制可分为两层含义，一是早期规制思想的精髓，即规范，通过政府的监管实现对市场失灵等问题的强制干预，以维护市场秩序和社会公平；二是现代规制思想的研究成果，即引导和激励，是指政府有义务对市场结构和市场行为做出调整和优化，并通过适时的放松规制和激励性规制的手段来激发特定产业的创新意识，提高市场绩效。

二、中国传媒业外资监管的目标

有研究者认为，监管就是有监管者为实现监管目标而利用各种手段对被监

① [美] Alfred E. Kahn. *The Economics of Regulation*: *Principles and Institutions*[M]. New York: Wiley, 1970: 3.

② 吴曼芳. 媒介的政府规制[M]. 北京：中国电影出版社，2008：6.

管者所采取的一种有意识的和主动的干预和控制活动。[①] 由此，讨论监管模式，对监管目标的把握是前提也是关键。合理地监管应该是根据中国的经济发展水平和传媒发展的实际需求，综合考察外资进入后的影响，选择最优开放策略，做出有利于平衡传媒产业安全与发展的外资监管模式，创造中国传媒业发展的最优环境。

（一）监管目标的理论依据——媒介的双重属性

作为传媒业的核心，大众传播媒介，一方面是意识形态控制的政治工具，对社会舆论的控制和意识形态的宣传都有着重要的作用；另一方面，其本身也是独立的经济主体，需要接受市场经济的规则，进行信息产品的生产经营活动。

1. 媒介的政治属性

大众传播媒介对塑造整个社会的意识形态和价值观有着举足轻重的作用，所以它具有重要的政治属性是决不可忽视的。首先，媒介的所有权性质决定着媒介的性质。在中国，社会主义公有制的媒介属于全体人民及代表全体人民利益的执政党，故其服务的宗旨不可与此脱离。其次，媒介对社会舆论有着至关重要的导向作用，舆论是社会公众或特定社会集团对事物的大体一致的看法和意见，可以在某种程度上支配人的社会行为和道德倾向，大众传播媒介的舆论方向选择会在很大程度上影响整个社会的发展进程和方向。

大众传播媒介是中国现代社会必不可少的信息生产者和提供者，在满足社会的普遍信息需求方面起着不可替代的公共服务作用。“传媒业是一个提供公共社会服务即信息传播的行业，虽然我们强调它是一个政治属性和经济属性兼有的产业，但它首先是一个为社会服务、提供传媒产品的产业”。[②] “一切媒体都是公共信息传播载体，一切媒体产品都是社会公共产品，一切媒体都是公众舆论阵地，它最大的特点是传播性、共享性和公开性。”[③]此外，大众传媒的信息生产和传播活动对社会的政治、经济、文化道德多方面具有广泛而强大的影响力，这

① 赵锡军. 论证券监管[M]. 北京：中国人民大学出版社，2000：1－2.

② 陶鹤山.中国传媒集团化中政府行为的经济学分析[C].郑保卫. 论媒介经济与传媒集团化发展. 北京：中国人民大学出版社，2003：252－267.

③ 屠正锋. 中国传媒业的监管与规范[D]. 上海：复旦大学，2007.

种影响力涉及到普遍的社会秩序和社会公共生活。[①] 正如麦奎尔所言："公民都应该享有接近使用媒介的权利，以反映他们的看法并追求他们的利益和要求。"[②]

2. 媒介的经济属性

媒介生产的信息产品是人们日常生活中不可或缺的依赖，无疑具有相当的使用价值，而媒介在对信息的采集、加工、出售过程中必然要消耗一定的成本，因此信息产品也就具有了劳动价值，成为商品，媒介因而有了通过交换、传播信息获利的可能。除此，就媒介本身来说，信息在物化的过程中，即纸质媒体将信息转化成印刷品，广电媒体将信息转化为电波、信号，都需要一定的物质成本，媒介要生存，就需要利用上述的可能获得生存发展的经济资源。

"事业性质，企业化运作"是过去中国传媒业双重属性的具体运作模式，这一模式对当时中国传媒业的繁荣有着显著的功效，但目前却也深深地困扰着中国传媒业的进一步壮大。传媒业从过去扮演着"党的喉舌"的角色，"吃皇粮"为政治服务，随着市场经济的发展、传媒体制改革的深入和传媒产业发展的初具规模，使传媒业市场化运营需求越来越强，传媒业的经济属性也被前所未有的重视起来。

（二）确保中国传媒业的产业安全

传媒产业无论在任何国家都是有着战略性意义的，中国也不例外，作为中国文化产业的重要组成部分，与其相关的大部分领域都居于中国文化产业的核心层(见图 7-1)。

传媒产业的双重属性决定了传媒产业的安全与一般产业存在异同，有研究者将传媒产业安全的定义进行了两方面的概括：一是指在开放的经济体系中，一国的传媒产业应具有合理的市场结构及市场行为，在国际竞争中保持独立的产业地位和产业竞争优势；另一方面是指一国的传媒产业在与外来传媒产业的竞

---

① 郭庆光. 传播学教程[M]. 北京：中国人民大学出版社，1999：160—161.

② 麦奎尔. 麦奎尔大众传播理论[M]. 北京：清华大学出版社，2006：119—123.

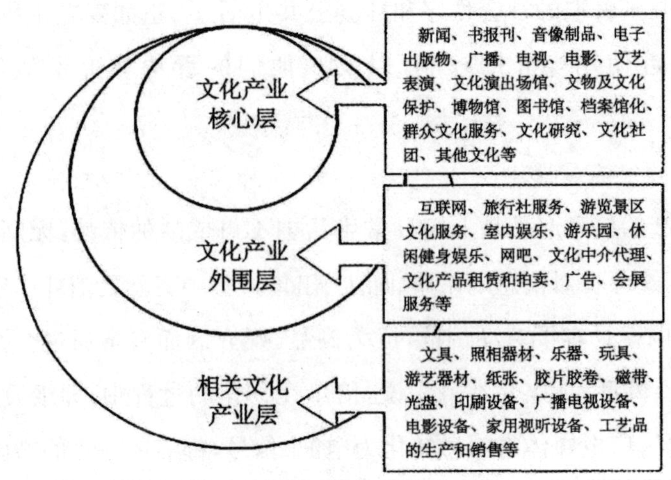

图 7-1 中国文化产业示意图[①]

争中，要能保持其主导社会舆论导向的独立地位，能够抵制外来传媒内容的文化价值观念和意识形态的冲击，保证本国传媒产业在为社会提供丰富多彩、健康活泼的文化消费内容中的活力与主导地位，从而保证本国的意识形态安全、文化安全乃至执政党执政安全。[②]

（三）促进中国传媒产业良性运营与战略发展

基于传媒业的经济属性，随着信息时代的到来与发展，作为第三产业重要组成部分的传媒产业得到了充分的发展。在中国近 30 年的传媒业改革历程中，中国传媒的重头戏是“结构调整和结构转型”[③]，这一结果使中国传媒业由原先单一的结构走向了多元，从而转变了媒体的经济增长方式，也开启了中国传媒产业改革向着更深层发展的道路。

在经济全球化的背景下，面对国际资本对中国传媒业的长期觊觎与国际传媒集团的巨大竞争压力，通过循序渐进、有条件的外资引进与国际传媒集团进入，逐步提高外资利用率，积极促进中国传媒业的产业结构升级，增强中国传媒

① 中共中央宣传部等部门联合发布. 文化及相关产业指标体系框架[J/OL]. 人民日报，http://www.china.com.cn/chinese/2005/Mar/799853.htm，2005－3－2.

② 余宏华. 基于产业安全视角的中国传媒业外资作用机制研究[D]. 长沙：湖南大学，2008.

③ 李良荣. 从单元走向多元——中国传媒业的结构调整和结构转型[J]. 新闻大学，2006(2)：1.

业的自身实力与传媒市场的良性竞争，努力实现中国传媒业的国际发展战略。

三、中国传媒业外资监管改革的路径设计

一个合理的监管体系，需要有一套在监管机构间进行合理权力配置的机制，其中包括横向的设计模式与纵向的设计模式。

（一）横向路径设计：分业监管与混业监管

对于经济性监管领域，国际上通行的做法有两种：一种是分业监管模式，又称分头监管，即设立特定产业监管机构，由它们分别对本产业行使监管权；另一是混业监管模式，又称统一监管或集中监管，即设立单一的综合性产业监管机构，由它对数个关联的领域统一行使监督权。[①]

分业监管的最大优点是监管机构对其权限内的产业有丰富的经济基础和专门技能，可以保证监管决策做出的专业性更强，且利于产生充分竞争。然而，它的缺点在于监管成本高却效率低下；被单一监管机构俘获的可能性大；易出现重叠交叉或真空，造成管辖冲突。

混业监管则加大了利益集团的交易成本，降低监管机构被捕获的可能性，并提高监管效率，有利于规模经济，降低管理成本。[②] 同时，混业监管的适应性与抗风险性强，单一的监管机构与规则、程序的设定有利于提高监管的公正性和可问责性，使监管更加稳定连续，利于相关产业政策的整体规划。其不足主要是，监管目标容易交叉重复，从而影响监管效率，缺乏监管竞争，同时对不同行业监管的专业性可能会参差不齐。

虽然，每一种监管模式都有其利弊与更加适合的领域，但如今政府监管体制的总体趋势，是从分业监管逐渐向混业监管或不完全集中式监管转变。

监管模式的横向设计是一个综合因素考虑的结果，应考虑产业、国情的具体实际与特征，避免一刀切的武断，所以在监管模式的横向选择方面，除了这两种基本的模式以外，有些国家与领域还采取了介于两者之间的不完全集中监管体

---

① 马英娟．政府监管机构研究[M]．北京：北京大学出版社，2007：122．

② 周汉华．基础设施产业政府监管全权的配置[J]．国家行政学院学报，2002(2)．

制，由于本研究对中国传媒业外资监管体制的模式选择正为此类，故在后文中详细叙述。

（二）纵向路径设计：集权模式与分权模式

集权模式（Regulatory centralization）是指中央（联邦）监管机构在地方（或州）派驻分支机构代表国家对地方相关事务进行监管的模式（马英娟，2007）。其优点主要有：外部性的内部化，即单个监管机构可以通盘考虑全部监管规则和效果，避免分权模式下地方保护主义对国家利益的损害；能形成规模效应，避免重复监管；更利于有序竞争，被捕获的可行性较低。

分权模式（Regulatory decentralization）是指地方（或州）监管机构基于地域因素和中央（联邦）监管机构分享相关领域监管权的模式（马英娟，2007）。其优点主要为，更多考虑地方因素，更集中反映地方利益诉求。

传媒产业的数字化发展、融合趋势，已越来越明显地暴露出原始分业监管的弊端；同时，中国现有区域化条块分割的监管体制也有诸多不利于传媒产业发展的因素，如不利于跨行业、跨地区的传媒集团规模发展，致使中国传媒业的竞争力始终无法企及发达国家等。上文所述发达国家的逐步改革也正是此二点的很好印证。为此，中国传媒业的外资监管应充分发挥后来优势，借鉴发达国家与相对完善的监管体系，取其精华为我所用构建合理的传媒业外资监管体系。

参考文献

一、中国传媒业外资监管的理论基础

（一）可竞争市场理论

可竞争市场理论（the Theory of Contestable Markets）也称可竞争性理论（Contestability Theory），是由美国著名经济学家威廉·鲍莫尔（William J. Baumol）首先提出的，并于1982年与美国西北大学教授约翰·潘扎尔（John Panzazr）和普林斯顿大学教授罗伯特·威利格（Robert Willig）一起出版了《可竞争市场与产业结构理论》，标志着可竞争理论的正式形成。可竞争市场理论在产业组织理论、价格理论等多方面都提出了独具创新意义的见解，在当时社会引起了很大反响，对随后的政府规制改革也产生了相当大的影响。

可竞争理论主要包含三层内容：第一层含义指出了可竞争市场的概念，即市场外部的潜在进入者对市场内部经营者的市场行为造成一定竞争压力和制约力的市场形态，也就是说，市场内外有充足的厂商数量，就能够保证市场效率的最大化。第二层内容指明了可竞争市场的标准，如果一个市场不存在严格的进出壁垒，市场外部的潜在竞争者能够与内部的现有经营者之间保持一定程度的竞争关系，保证足够的市场效率，即说明这一市场是可竞争市场。第三层含义为政府监管提出了建设性的意见，即为保证整个产业的市场效率，应该适当地放松市场进入规制，保证潜在的竞争者可以进入，即将该市场构建成一个可竞争的市场。

可竞争市场理论是20世纪末最为重要的放松规制思想，它在产业组织理论和市场进入规制理论的基础上，有效地解决了当时多个产业市场效率低下的问题，引发了政府规制理论的创新和发展，对后来各国的政府监管改革都产生了比较深渊的影响。

（二）可竞争市场理论与传媒业

在传媒产业，市场进入壁垒一直是阻挡业外资本与境外资本进入一国传媒业的主要障碍，无论是发达国家还是发展中国家，即使传媒业日益发展壮大，但较为严格的市场进入监管一直是不变的主题，各国均希望以此来维持文化市场的本土化和统一性。近年来，随着媒介产业的融合化和全球化发展浪潮的势不可挡，许多国家都对传媒产业的市场壁垒进行着一定的改革调整和新的尝试，以激活本国传媒业的创新意识，提高媒介产业的整体市场效率。

美国管理学教授Daniel F. Spulber曾提到："在可竞争性的分析框架里，规制不再是卡恩所说的'用政府命令取代竞争，以取得良好的经济效率'，而是在详细分析显示市场课竞争性的基础上，运用规制手段来促进市场的可竞争性，以取得良好的经济绩效。"①就是在这样的背景下，可竞争市场理论引入媒介产业，成为了政府对传媒业监管的一种重要手段，为媒介的产业话和全球化奠定了坚实的理论与政策支持。

美国时在传媒业引入可竞争市场理论最早的国家之一。在《1996年电信法》（*Telecommunications Act of 1996*）实施中，陆续地解除了对电信业和传媒产业之间的跨行业经营限制，允许电信公司接入广电有线网络的经营领域，传媒产业也同样可以经营通讯业务来传播自己的内容资源，逐步实现了传媒产业的局部可竞争性，拓展了媒介产业的规模化、多元化运作空间，也最终成就了美国传媒业高速发展遥遥领先其他各国的神话。

① 吴曼芳. 媒介的政府规制[M]. 北京：中国电影出版社，2008：24—26.

二、中国传媒业外资监管的不完全集中体制模式构建

(一) 不完全集中监管体制模式

如对监管体制横向模式的介绍,对于最基本的两种监管体制横向模式——分业监管与混业监管(集中监管)均各有利弊,所以有些国家或不同产业领域也采取了介于两者之间的不完全集中监管体制,也称不完全统一监管体制。介于目前在产业监管方面,金融监管在各国的受重视程度都较高,同时由于其发展时间较长,理论体系等都更加成熟,故本人也研读了相关资料,认为其对中国传媒业外资监管体制模式的构建大有借鉴意义,以期用他山之石来攻玉。

1. "牵头式"监管模式

"牵头式"监管模式是指在分业监管机构之上设置一个牵头监管机构,负责不同监管机构之间的协调工作,在分业监管主题之间建立一种合作、磋商的协调机制。此模式的优势在于可以通过合作提高监管效率,多个监管机构的存在,使得监管目标明确,同时促进机构之间的竞争。当监管机构对有利监管对象争夺、对交叉责任推诿是,都可以通过牵头监管机构定期的磋商协调、相互交换信息以及密切配合,尽可能将不利降到最低。

这一监管模式的设置,是最符合目前中国传媒业监管条件的一种选择。

2. "双峰式"监管模式

典型的"双峰式"(twin peaks)监管模式是率先由英国经济学家泰勒(Taylor,1995)年提出的一种基于监管目标而设计的监管体制(见图 8-1)。此模式强调监管应着重于如下两大目的:确保系统稳定,即指审慎监管;对金融机构正常经营行为进行的监管。通过两类机构从两个监管目标着手,达到"双保险"的作用。[①]

---

① [英]Michael Taylor. *Twin peaks*: *A regulatory structure for the new century* [M]. UK: Center for the Study of Financial Innovation, 1995.

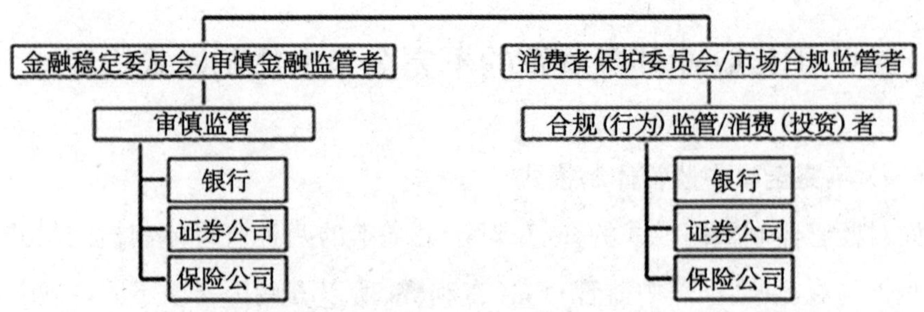

图 8-1 典型的"双峰式"监管体制①

此监管模式无可避免地也存在一定问题，如监管上的"灰色区域"，但对于本研究的最大贡献是提出了从监管目标入手分类设立监管机构的参考。

3. 不完全集中监管模式的监管效力评价

对不同监管体制监管效力的考量，一直是各国学者关注和研究的重点，卞志村在其主编的《金融监管学》中，从不同金融经营体制出发，对三种监管体制的效力采用了多方面具体分析量化考核的比较，分析了它们各自的效力。

总结书中的对比，可以看出(见表 8-1)：

表 8-1 不同监管体制模式监管相对效力比较②

监管体制模式	分业监管模式		混业监管模式		不完全集中监管模式	
经营体制	分业经营	混业经营	分业经营	混业经营	分业经营	混业经营
比较指标	效果评价	效果评价	效果评价	效果评价	效果评价	效果评价
1 信息共享程度	低	较低	较高	低	较高	高
2 风险传递控制程度	较低	低	高	较高	高	较高
3 监管标准一致性	低	低	高	高	较高	较高
4 复监管程度	较低	高	较低	低	较低	低
5 监管真空程度	较低	高	低	低	低	低
6 监管成本	较低	高	低	较低	较高	高

① 项卫星，李宏瑾. 当前各国金融监管体制安排及其变革：兼论金融监管体制安排的理论模式[J]. 世界经济，2004(9)：74.

② 卞志村. 金融监管学[M]. 北京：人民出版社，2011：81.

（续表）

7 竞争效率	高	较高	低	低	较高	较高
8 机构官僚程度	低	低	高	高	较低	较低
9 单业监管效力	高	较低	较高	较低	高	较高
总体监管效力	较高	较低	较高	较高	高	高

(1) 无论在分业经营体制还是混业经营体制下，不完全集中监管模式的监管效力都是最优；

(2) 在混业经营体制下，混业监管模式的监管效力要比分业监管模式高很多；

(3) 在分业经营体制下，混业监管模式比分业监管模式的总体监管效力依然要高，只有在单业监管效力方面，分业监管模式效力高。

从三种监管模式的效力对比中，也可以证实如今政府监管体制趋势——从分业监管逐渐向混业监管或不完全集中式监管转变的合理性。

（二）传媒集团双边治理模式

公司治理是一个丰富且具有多层次性的概念，是一套程序、惯例、政策、法律及机构，影响着如何带领、管理及控制公司，随着所有权与经营权的分离而产生。广义上讲，公司治理是通过一整套包括正式或非正式的、内部的或外部的治理，来保证公司各方面的利益与相关者的利益最大化。综述国内学者研究成果，公司治理结构主要是为了解决两个基本问题：第一是激励问题；第二是经营者选择问题。[①] 针对传媒集团的公司治理，国外类似于一般的公司治理，而中国传媒有其特殊性，故国内学者近年来提出了许多自己的观点。笔者通过对诸家研究的分析，认为陈德金提出的“传媒集团双边治理模式”对本研究中监管模式的构建大有裨益（陈德金，2010）（见图 8－2）。

① 陈德金．公司治理与传媒集团双边治理模式的构建[J]．现代管理科学，2010(10)：76.

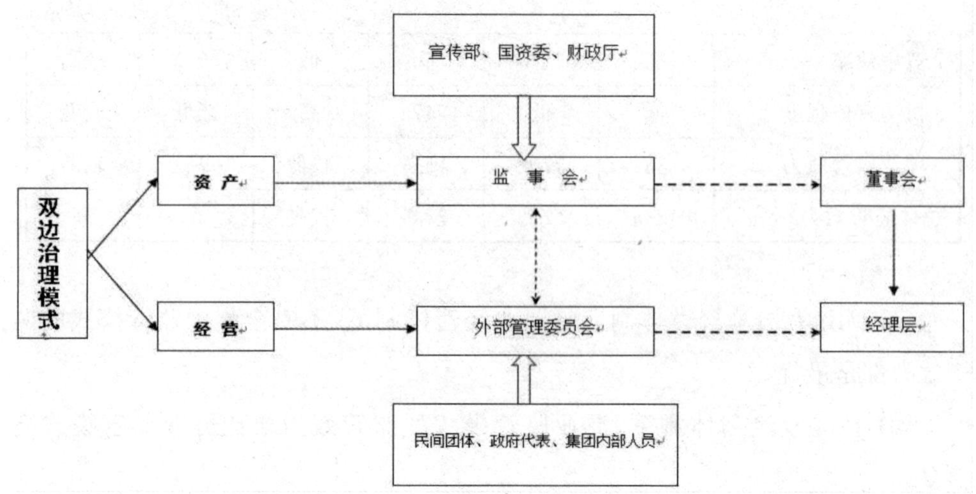

图 8-2 传媒集团双边治理模式(陈德金,2010)

该模式认为,对中国传媒集团的治理应从“资产”与“经营”两方面着手:因传媒集团的资产属于国家所有,所以从资产方面对传媒集团董事会进行监管,并构建基于资产监管的监事会,保证国有资产的保值增值目的;另一方面,经理层在董事会的指导下经营传媒集团,但鉴于董事会与经理层之间存在的某些信息不对称,构建基于经营监管的外部管理委员会,对传媒集团经理层进行监督,确保传媒集团的经营为实现集团的目标,并促使传媒集团的良性运作(陈德金,2010)。

此治理模式对本研究最大的价值在于,研究者通过运用管理学的理论,科学论证了从“资产”与“经营”两方面创新治理传媒业的可行性与优化性。

(三)中国传媒业外资监管体制的模式构建

随着科技发展,传媒产业的结构转型,昔日以媒介形态来区分的不同媒体组织已渐现融合态势,如报纸的电子版呈现、数字化发行;有线电视集传统电视、电信于一身的新科技;互联网、移动网络中报纸、电视、电影等传媒的融入……因此,以往对传媒业的分业监管模式,不但对传媒业的现有监管渐露弊端,甚至对其日后的发展也会形成了桎梏,生产关系的落后已然对生产力的进一步发展产生了影响。加之上文论述,笔者认为,在中国传媒业数字化发展迅速,行业间日益融合的形势下,传媒业监管体制从分业监管走向混业监管、不完全集中监管模式的改革势在必行。为此,本研究构建了具有创新性的传媒业外资监管体制模式(见图 8-3)。

与中国现有对传媒业的监管体制相比,本研究构建的模式主要以"牵头式"不完全监管下的混业监管为最大特点。

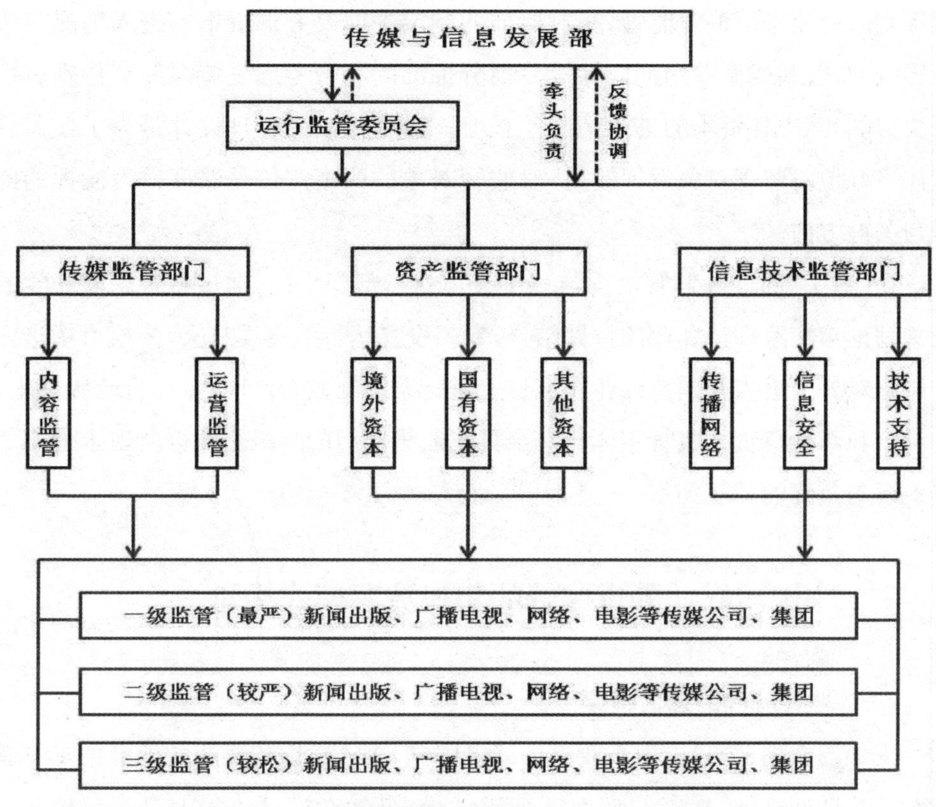

图 8-3 中国传媒业外资监管的不完全集中体制模式

依据中国政府现有体制的设计,在国务院众部门中可单独设置"传媒与信息发展部",作为整个监管体制中的牵头监管机构,凭借其权威性、高行政级别更好地发挥牵头负责、接受反馈引导协调的监管作用。

传媒监管、资产监管、信息技术监管三个部门为实行混业监管的具体监管执行机构,其各自职责相应为:内容监管与运营监管;国有资本、境外资本与境内其他资本监管;传播网络(有线网、电信网、移动网络等)、信息安全监管和技术支持。其中对资产的监管是基础也是核心,只有确定不同资产所占比例,才能更有效地判断监管对象的性质与所需要的监管力度，它为接下来的具体两部门监管奠定了基调，是后面的监管能正确开展所必要围绕的核心。

具体监管对象不再是以前的以媒体形态划分不同传媒行业如新闻出版业、广播电视业等进行独立地割据式分业监管，而由依据一定标准划分不同监管力度级别的对象进行混业监管，在对标准的制定中即要考虑资本的进入情况与传媒影响力、公共或商业的偏向性等。划分标准的综合考虑是传媒业的特殊属性所决定的，其中各资本的进入情况是核心。监管体制的合理设计是为了使监管主体更好地对监管对象发挥效力，对监管对象的明晰定位是保证效力发挥的前提与关键方向。

在“牵头”的最高监管机构与三个具体执行部门之间，通过将金融监管学的相关理论与实践和传媒业的特性结合，专门设立运行监管委员会，依据市场进入的逻辑对外资进入中国传媒业在流程上进行系统的监管。同时，在行政级别上，委员会和牵头负责的监管主体与其余具体监管部门的半级之差也体现了他们之间隶属与负责的相互关系。

三、中国传媒业外资监管的集权流程模式构建

（一）监管流程的理论框架

正如前文论证，目前由于政策等诸多限制，进入中国传媒业的外资大多具有隐蔽性与迂回特征，外资的进入还难成气候，自然在监管流程上毫无建树。为此，笔者采取的研究方法依然是希望通过对金融监管方面，如对外资银行的监管理论与实际经验，为构建本研究监管流程模式创新性地搭建合适的理论框架。

在金融监管领域，金融监管目标决定金融监管内容，金融监管的内容也可以按照不同标准进行不同分类，其中，按金融监管的主要内容或流程分类主要分为市场准入监管、市场运作监管和市场退出监管三个方面。[①]

1. 市场准入监管

市场准入是一国政府或某一产业监管当局对拟在东道国设立的新机构或公

① 孟钊兰，等．中央银行学[M]．西安：西安交通大学出版社，2007：266．

司采取的限制性措施，是政府或其授权机构规定本国或外国公民、法人进入某一市场，从事商品生产、经营活动所必须满足的条件和必须遵守的制度与规范的总称，是一国政府保护社会公共利益而对市场进行监管的基本制度。

市场准入监管产生有主客观两方面的因素。从客观上讲：第一，市场准入监管是防范金融风险的重要环节，外资的进入势必会给一国带来金融运行方面的安全隐患，而对可能产生的金融风险，防范的成本远低于治理和救助的成本，所以防范风险是一种经济的做法。第二，市场准入能够有效控制一个行业的市场竞争程度，是一国对特殊行业进行制度安排的重要手段。第三，市场准入监管可以配合政府产业发展的需求。从主观上讲：第一，监管者在市场准入监管方面可以获得创租机会。斯蒂格勒在《经济管制论》中指出，管制是经济的内生变量，是由对管制的供给和需求决定的。市场准入监管给了被监管机构特许经营的权利，监管机构掌握的审批权决定着管制的供给，而供给是有价格的，这给了他们创租的机会。第二，被监管机构也有寻求市场准入监管的动力。一方面，任何企业所在的市场都是特定的、局部的市场，该市场份额在特定时期内也是固定的，任何新进入者都会对在位者的利润造成威胁，因此争取新进入者的市场准入监管是在位者的基本利益需求；另一方面，在位者容易形成利益集团共同向管制者寻租，在位者可以分担寻租产生的交易费用，共享维持原有利益分配格局的收益，因而寻求阻止新进入者的管制成为在位者维持自身利益的较有效且较低成本的手段。

监管当局在实施市场准入监管时所普遍遵循的原则有：第一，是否符合经济发展的需要。资本的进入可以促进市场的竞争，但理论和实践都表明，资本的涌入并非越多越好，缺乏规划的无限制进入会导致不良竞争与资源浪费等不经济的后果，不但有悖初衷，甚至还会对东道国该产业的发展带来恶性后果。第二，符合规定的最低资本数额。这一措施是为了保证东道国更好的进行审慎监管，通过经济手段对进入资本今后的运作加以规制。

除普遍原则以外，各行业还会依据自身发展的实际情况，设立更有针对性的准入门槛，以保证进入资本的良性运转。如外资银行在市场准入监管的方面，理论依据首先考虑的是外资银行对东道国金融和经济所产生的正负效应。就理论而言，外资银行进入可以促进东道国的经济增长，同时大量研究也证明其会带来负面效应。由于各国经济、金融状况的不同，因此正面效应与负面效应在实践的表现与程度也将不同。所以，各国会根据实际国情，全面权衡其利弊得失，对外资银行采取市场准入监管。以约瑟夫·斯蒂格利茨、托马斯·赫尔曼和凯文·穆尔多克为代表的经济学家于20世纪90年代末针对发展中国家提出的“金融约束论”便是对外资银行市场准入监管的理论依据代表。

市场准入是一国对市场最基本的干预，是政府管理市场、干预经济的制度安排，也是国家意志干预市场的表现，是国家管理经济职能的组成部分。市场准入监管的方法主要有许可或审批和标准两大类，另外还有行业管理、国家垄断等特殊方法。[①]

2. 市场运作监管

市场运作监管是指资本进入后，监管机构对进入主体日常的生产、经营所进行的监管。资本和运营主体进入一国市场后必须持续进行监管，了解其在东道国生产、经营业务的全过程，掌握整个市场发展的动态，纠正违规行为，防范和化解风险，以确保整个产业的安全。

对进入主体是否应采取限制性运营监管的争论一直都是许多国家和学者争论的焦点，以典型的外资银行进入后的运作监管为例，便有两种截然不同的理论。肖和麦金农(1973)提出的“金融自由化”理论，认为在许多发展中国家，金融制度与经济发展呈现出恶性循环的状态，这一问题的根本原因是此类国家普遍存在“金融压制”，比如金融当局硬性规定利率水平，对外汇市场进行管制，使利率和汇率水平不能正确反映资金和外汇的余匮情况等。同时，由于金融当局不能有效控制通货膨胀与产业政策的偏差，使得金融和经济的发展均出现停滞现象，所以，他们认为摆脱困境的出路在于消除“金融压制”，实现“金融深化”。[②]该理论的支持者不赞同对外资银行进行过度的管制，认为限制性运营监管忽略并损害了金融效率，他们主张取消对利率和汇率的控制，实现金融深化，从而使金融发挥对经济增长的更大作用。而与之相反的“金融约束论”则恰恰强调“政

① 潘静成，刘文华．经济法[M]．北京：中国人民大学出版社，2008.
② 周敏芬．全面开放条件下中国外资银行监管问题研究[D]．杭州：浙江大学，2007.

府要通过实施限制存贷款利率、控制银行业进入等一整套的约束性金融政策，在银行业创造租金，从而可以带来相对于自由放任政策和金融压抑政策下更有效率的信贷配置和金融业深化，对发展中国家维护金融机构的安全经营、保证金融体系的稳定、推动金融业发展的进程极为重要。”他们认为，金融约束所产生的租金应归私人部门，因为这是为银行部门创造的“特许权价值”，是为银行创造的一个超过竞争性市场收益所产生的利润流，持续而稳定。这种制度安排目的在于激励进入者成为一个长期经营者，使其注重自身的谨慎行为，规避金融市场上的逆向选择和道德风险的防范，维护金融稳定，促进经济发展。

肖和麦金农的最大贡献在于，将处于金融抑制状态的选择重新引向金融效率。“金融自由化”理论主张自由经营、竞争，即金融的市场化。“金融约束论”的重要贡献则在于提出了“特许权价值”的概念，将其视为约束银行道德风险的重要机制，得出限制性运营监管可以稳定金融的结论，同时论证了金融自由化与金融危机的正相关。从表面看，“金融约束论”是对“金融自由化理论”的否定，但究其实质并非反对金融自由化，而是认为在发展中国家现实条件的约束下，应有一套渐进式自由化的理论，其本质是“一种发展中国家金融自由化的过渡理论”。

3. 市场退出监管

市场退出的原因主要有两种：主动性退出，如因分立、合并或公司新的发展规划等原因主动退出市场的行为；被动性退出，如破产、严重违规或资不抵债等原因造成的被取消经营资格被迫退出市场的行为。

对市场退出监管最为谨慎的无疑是金融业，这与其产业特性，退出产生后果涉及范围广的原因有着十分密切的关系。因此，在退出监管方面，金融业的监管理论与实践也更为成熟。如“最后贷款人机制”和“存款保险制度”便是规制银行市场退出的两大主要金融安全网。最早提出“最后贷款人”（LLR）这一概念的是弗朗西斯·巴林（Francis Baring，1797），他称英格兰银行为“银行的银行”、“最后的手段”，认为一切有清偿力的银行可以在危急时刻向其借款。纽曼指出，最后贷款人是指在危机时刻，一国的中央银行应尽的融通责任，它应满足对高能货币的需求，以防止由恐慌引起的货币存量的收缩。存款保险制度则是指为了保护存款人的利益、维护金融体系的安全与稳定，吸收存款机构定期按照一定比例向存款保险机构交纳保费，以便在非常之时，由存款保险机构负责按照一定比例赔付存款人，并对有问题的机构进行处置的制度。

（二）中国传媒业外资监管流程的模式构建

市场准入、运作、退出的监管是具有逻辑连贯性的流程链条，在这方面的研究中，金融监管有着比较完善的理论基础与实践经验，而这对于传媒业外资进入的监管，无疑是有着启发性的理论指导意义。虽然是不同行业，但所监管的对象相同，均为欲进入的外资。其次，在本质上，资本有趋利性，进入的外资基本都以营利为主要目标，在生产与经营的过程中，为了防范可能会产生的风险，监管是最好的引导与保障手段。因此，我们可以借鉴金融监管领域长时间实践验证的可靠理论体系，同时加以考虑传媒业所具有的特性，构建适合中国传媒业外资监管的科学合理的集权监管模式。

传媒产业化的发展，使传媒公司、集团在运作过程中，更遵循市场经济的规律，市场特性日益增强。因此，本监管流程的逻辑主线便是从市场准入到市场运作，再到市场退出，完整一体，打破现有的多级分头监管，形成有力度、有效率的集权监管。

四、中国传媒业外资监管的系统耦合模式构建

一个系统的监管体系模式，应该是关键监管要素的全集合，依据一套有效运行机制，实现预设监管目标的综合考虑。其中，主要的监管要素分别为：监管体制，是监管制度化的安排与监管主体权力设置的体现；监管流程，是监管体制良好有效运行的合理路径，依此来好地发挥监管效力；监管对象，是整个监管模式的出发点也是落脚点，只有针对合理设置的监管对象才能完成监管目标的预设。

关于耦合，在现代汉语词典中，“耦”被解释为“两人并肩而耕”，耦合即为相互关联，共同发生作用。在通信科技学科中，耦合（Coupling）是一个专业性术语，指“两个或两个以上的电路元件或电网络的输入与输出之间存在紧密配合与相互影响，并通过相互作用从一侧向另一侧传输能量的现象”。在群体心理学中，经常把群体中两个或以上的个体通过相互作用而彼此影响，进而联合起来产

生增力的现象，称之为耦合效应，也叫互动效应，或联动效应。在本研究中，笔者通过上文的研究论证，构建了中国传媒业外资监管的系统耦合模式（见图 8-4 和图 8-5）。

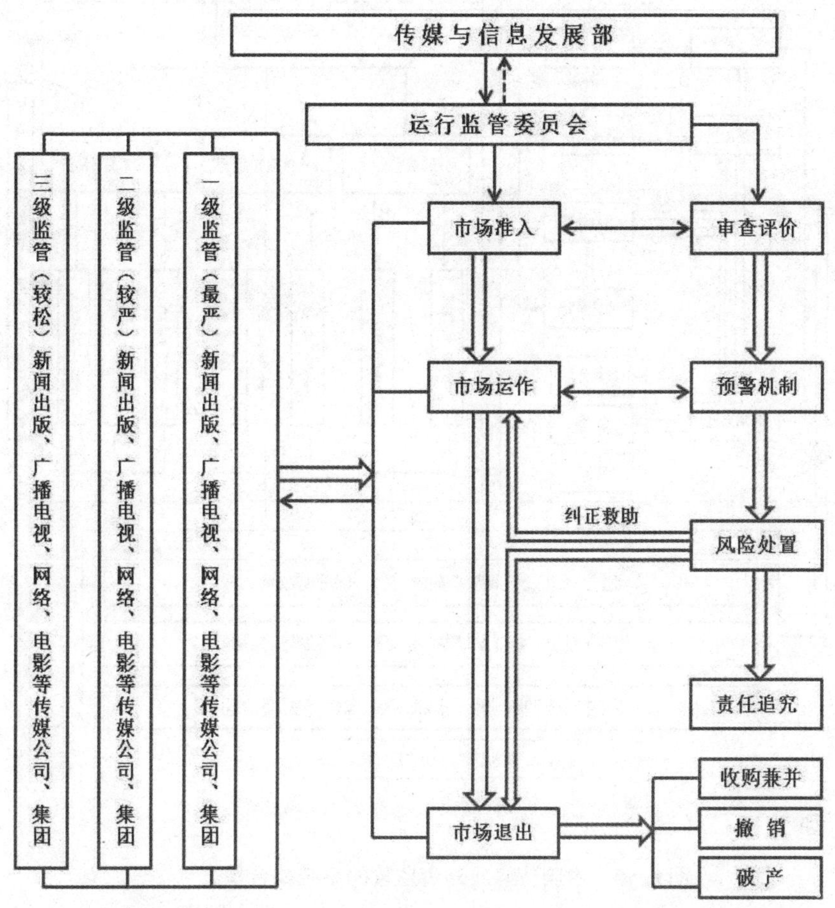

图 8-4 中国传媒业外资监管的集权流程模式

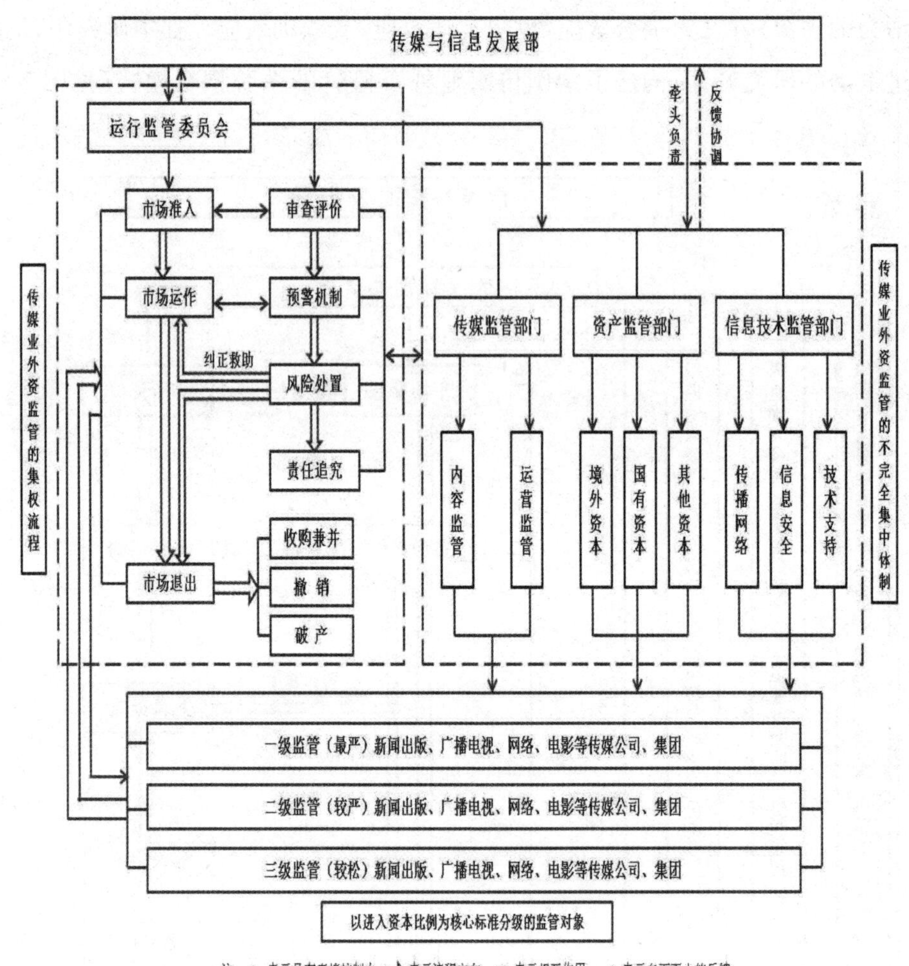

图 8－5　中国传媒业外资监管的系统耦合模式

（一）关于监管对象

在监管对象的设计上，其核心无疑是本研究的中心议题——进入中国传媒业的外资，但在设计上本研究的创新之处在于并非将外资作为一个孤立的监管对象，而是结合中国传媒业的特性与发展实际，将其融入整个传媒产业来综合全面地考虑，即打破以往中国传媒业的监管理念，不再是以媒体形态划分不同传媒行业的割据式监管，取之为不同监管力度级别的混业监管对象。如前文所述，此处的级别划分核心正是外资进入的比例，同时考虑所进入传媒的影响力、商业偏向性程度等。

（二）关于监管模式的运行机制

在本监管模式中，有效的运行机制是指监管体制中的监管机构及其主要职能与监管流程中的监管逻辑链相互耦合，环环相扣，依市场发展逻辑进行，保证监管效力的良好发挥。它对中国传媒业外资监管的最大特点是不仅仅从监管目标出发设置监管措施，而是同时参照传媒产业的特性与经营目标，将传媒业的内部管理和市场约束纳入监管的范畴，通过引导传媒业实现经营利益的同时，有效地实现多重监管目标。

首先，按市场的运作逻辑做到集权监管，是对进入中国传媒业的外资进行全程监管的最佳路径。其次，在混业监管体制的权力设置下，监管主体实施功能性监管。运行监管委员会通过对外资进入传媒市场的审查评价、预警、处置风险，直接负责其市场准入、运作、退出的监管，同时主持传媒监管部门、资产监管部门、信息技术部门一起协同完成审查、预警、处置风险的职能，双管齐下，各有侧重，各有所长。

（三）不完全集中、集权监管的系统耦合模式优势

20 世纪 80 年代以来，在金融监管领域，为了适应金融创新与金融发展，许多国家都纷纷开始实施集中统一监管，即向不完全集中监管或混业式监管体制转变。在传媒产业的监管方面，如前论述，许多发达国家也在近十年来由历史原因长期执行的分业监管逐渐向不完全集中监管或混业监管过渡；同时，由地区分权监管向中央政府机构的集权监管为转变。通过论证，本研究发现这一监管模式于中国传媒业的发展也是大有裨益的，它以不同资本进入的程度为基础与核心，分级监管为手段，混业、集权监管为体系，监管全媒体业的发展。

1. 传媒业的相互融合发展是全球、也是中国传媒发展的趋势，监管模式的设计与客观发展相符，才能更好地发挥效力

随着计算机技术、数字技术等科技的汇流，电信、资讯、传媒等各产业间的界线越来越模糊，陆续带动了传播、电信、互联网络、有线电视网络等业务的跨业整合发展风潮，“你中有我、我中有你”的新传播模式客观要求传媒监管从分业向混业监管、从各级政府分权向国家级独立监管机构集权监管的转化迫在眉睫。

2. 中国传媒经营体制的逐步变化，传媒业市场准入壁垒的松动，需要监管

体系的改革来适应并区别对待不同性质的监管对象

区别对待不同性质的监管对象，此处的区别不再是依据传媒形态简单划归的各自传媒行业，而是引入更科学的监管理论、现代企业制度，根据资本的进入情况，再结合传媒业的特性——影响力、公共或商业的偏向性等，进行科学合理地分级监管。此外，集权的监管模式有利于政策制定、实施的一致性，有利于整个国家的传媒产业整体发展水平提高。

3. 传统的分业监管体制在手段上更依赖行政权力，偏混业监管的不完全集中监管、集权监管更符合依法监管的需要，有利于依法监管的实施

通过进入资本等相关标准的分级，提高中国传媒监管体制的适用性与依法进行分级监管的可行性。应对外资进入比例相对较高、更偏向性商业性的媒体，分级混业监管可以更好地将以行政命令为主要方式的监管方式转变为有法可依、有法必依的监管方式，为中国传媒业经营的改革提供良好的外部环境和保障。同时，发挥传媒监管体制的功能需要健全和有效的制度作为保障，健全适宜的体制有利于制度监管的完善。

4. 偏混业的监管体制与集权的监管流程可以有效地改善传媒业的监管环境

转换了从结构性监管到功能性监管的逻辑，提高监管效率，利于产业政策的全盘规划与制定，对外资的监管属于该监管体制的基础与监管具体工作展开的核心，同时，作为被监管对象的重要组成部分之一，整个系统的效率提升无疑会带动外资监管的高效运行。

从规模经济和范围经济的角度来讲，此监管体系模式拥有较少的监管数目，同时不仅能节约人力成本和技术投入，而且能显著地改善信息质量，降低信息成本，使监管更加符合精简、效能的原则，实现管理的集约化。

在原有的分业、分权监管下，易产生监管重复与监管冲突从而导致监管效率下降。新的体系是整合了现有传媒监管机关的职责，转换了从结构性监管到功能性监管的逻辑，有利于从监管体制和政策规划上打破行业壁垒，打破部门所有制，改变原有监管条块分割的弊端，大大减少监管机构之间协商、协调工作耗费的多余成本，提高工作效率。有效避免由于监管重复和监管冲突产生的责权不

清或责权不对称，以及分业监管体制下部门之间缺乏配合，传媒许可分散在十几个部门而导致的许可泛滥和程序的繁琐。在新的监管体系下，各监管机构对传媒业的监管职责更加固定、明确，这可以有效地防止不同机构互相推诿责任或争取对自己有利的监管内容导致监管越权和缺位等现象的发生，由此避免给处于弱势的监管对象带来的不便。这对提高进入中国传媒业的资本合理利用有着直接的促进作用。同时，不完全集中的混业体制与集权的流程监管耦合系统监管，还可有效避免监管机构权力过于分散或过于集中导致的缺乏监管竞争或形成的极端官僚主义，降低被捕获的风险与监管执行过程中的迟缓等低效率现象。

参考文献

[1] 闻学，肖海林，史楷绩. 境外资本进入中国网络媒体市场：方式、机制、规模和分布[J]. 中央财经大学学报，2013(9).

[2] 肖海林，邢红梅. 境外资本进入中国出版市场的特征趋势和规制建议[J]. 当代经济，2013(8).

[3] 禹建强. 外资进入中国传媒业的对策研究[J]. 现代传播，2013(2).

[4] 张彬，杜晓燕. 美国文化产业国际竞争力现状及影响因素分析 [J]. 国际商务——对外经济贸易大学学报，2012(4).

[5] 赵昱，杜德斌. 美国知识产权国际贸易的特征及发展趋势 [J]. 中国科技论坛，2013(9).

[6] 何建民. 外资进入中国旅游业的现状、趋向及对策研究[M]. 上海：上海财经大学出版社，2010.

[7] 陈炳宏. 台湾媒体企业之中国大陆市场进入模式及其决策影响因素研究[J]. 新闻学研究，2006(10).

[8] 李文颖. 外国影业发展对中国电影的启示[J].中国电影市场，2012(3).

[9] 周升起，兰珍先. 中国创意服务贸易及国际竞争力演进分析 [J]. 财贸经济，2012(1).

[10] 蓝庆新，郑学党. 中国文化产业国际竞争力评价及策略研究——基于 2010 年横截面数据的分析[J]. 财经问题研究，2012(3).

[11] 曲国明. 中美创意产业国际竞争力比较——基于 RCA、TC 和“钻石”模型的分析[J]. 国际贸易问题，2012(3).

[12] 聂聆，薛元. 中国与东盟创意商品贸易的互补性与竞争性研究 [J]. 国际商务研究，2013,(4).

[13] 黄丽萍. 我国知识密集型服务贸易竞争力分析与发展策略思考 [J]. 国际

贸易,2013(9).

[14] 饶曙光. 中国电影产业研究 2010 卷[M]. 北京:中国电影出版社,2011.

[15] 刘藩. 电影产业经济学[M].北京:文化艺术出版社,2010.

[16] [美]Kotler. 营销管理学——分析、计划、执行与控制(第三版)[M]. 方世荣,译.北京:中华书局,1998.

[17] 姚德权,赵文英.传媒业外资准入收缩与发展:规制视角[J].财经理论与实践,2006(11).

[18] 周建青. 广电政策破融资坚冰——境外资本进入对民营电视公司的影响[J].中国广播电视学刊,2005(5).

[19] 秦喜杰.从投资角度研究中国电影产业的困境与机遇[J]. 北京电影学院学报,2005(6).

[20] 王军君.电影与资本的一场对话——"新热点・发现中国电影资本市场"主题论坛综述[J].电影新作,2008(5).

[21] 唐榕.电影投融资:现状透视与体制建设[J].当代电影,2007(5).

[22] 邓映霞.中国电影产业能移植好莱坞融资模式吗[J].国际融资,2004(2).

[23] 黄建翰.中国大陆电视产业政策之发展趋向与外资进入模式[J].资讯社会研究,2006(1).

[24] 高虹.美国传媒型跨国公司进入中国市场的方式与阶段[J].特区经济,2008(8).

[25] [美]骆思典.全球化时代的华语电影——参照美国看中国电影的国际市场前景[J]. 刘宇清,译.当代电影,2006(1).

[26] 林华.外资影院逐鹿中国[J]. 国际市场,2003(10).

[27] 黄式宪,与好莱坞"博弈":中国电影产业结构重组的新格局——兼论 2004 年新主流电影"三强"的品牌效应[J]. 当代电影,2005(2).

[28] Yip, G. S. *Barriers to entry: A corporate-strategy perspective* [M]. Lexington, MA: Lexington Books,1982:9.

[29] Hill, C. W. L., Hwang, P., & Kim, W. C. An eclectic theory of the choice of international entry mode[J]. *Strategic Management Journal*,

1990:117—128.

[30] Agarwal, S., & Ramaswami, S. Choice of foreign market entry mode: Impact of ownership, location and internationalization factors [J]. Journal of International Business Studies, 1992:27.

[31] Root, F. R. Entry strategies for international market: Revised and expanded, San Francisco, CA: Jossey-Bass, 1994:6.

[32] Dalrymple, & Parsons. 营销学[M]. 吴俊彦，林显富，译. 高立图书公司，2000:146.

[33] Agarwal & Ramaswami，营销管理：理论篇(第七版)[M].张峻源，译.台北：西书出版社，2001:363.

[34] [美]Kotler.营销管理学——分析、计划、执行与控制(第三版)[M].方世荣，译.北京：中华书局，1998:465.

[35] [美]Kotler & Tan.营销管理——亚洲实例[M].谢文雀，译.台北：华泰书局，1998:414.

[36] Ekeledo, I., & Sivakumar, K. Foreign market entry mode choice of service firms: A contingency perspective[J]. *Journal of the Academy of Marketing Science*, 1998:274—292.

[37] Ali, S., & Mirza, H. Entry mode and performance in Hungary and Poland: The case of British firms[A]. In G. Hooley, R. Loveridge, & D. Wilson (Eds.). Internationalization: Process, context and markets [C]. New York: St. Martin's Press, Inc., 1998:201—219.

[38] Colin Hoskins & Stuart Mcfadyen & Adam Finn.全球电视和电影产业经济学导论[M].刘丰海，张慧宇，译.北京：新华出版社，2004.

[39] [美]珍妮特・瓦斯科着.浮华的盛宴——好莱坞电影产业揭秘[M].毕香玲，迟志娟，译.北京：中信出版社，2006.

[40] [美]大卫・普特南.不宣而战：好莱坞 VS.全世界[M].李欣，盛希，李漫江，周南，译.北京：中国电影出版社，2001.

[41] [美] 杰森・斯奎尔.电影商业(第三版)[M].俞剑红，李冉，马梦妮，译.北

京:中国电影出版社,2011.

[42] 中国电影产业年报 2005—2006[M].北京:中国电影出版社,2006:286.

[43] 2005—2006 年中国电影产业发展概况[M].北京:中国电影出版社,2006.

[44] 2014 年中国电影产业研究报告[M].北京:中国电影出版社,2014.

[45] 2011 年中国电影产业研究报告[M].北京:中国电影出版社,2011.

[46] 2013 年中国电影产业研究报告[M].北京:中国电影出版社,2013.

[47] 杨莲洁. 香港本土电影出现重生迹象,坚持中找突破[N]. 北京晨报,2010—9—19.

[48] 舒可文,等.中国电影资本疯狂:100 亿太少[J].三联生活周刊,2011—1—3:35.

[49] [法]洛朗·克勒通,等.电影经济学[M].北京:中国电影出版社,2008:112.

[50] 周煊,林小艳.国内企业境外上市的动机及市场选择策略研究[J]. 中南大学学报(社会科学版),2008(5).

[51] 北京市道可特律师事务所.企业创业板上市筹备与操作指南[M].北京:北京大学出版社,2009.

[52] 邢会强,孙红伟. 私募案例评鉴[M].北京:中信出版社,2009.

[53] 邢会强. 企业上市案例评鉴[M].北京:中信出版社,2009.

[54] 许杨杨. 私募股权基金对中国中小企业成长的积极影响分析[J]. 中国商界,2009(4).

[55] 乐视网. 首次公开发行股票并在创业板上市招股说明书[OL].深圳证券交易所,2010。

[56] 乐视网. 乐视网信息技术(北京)股份有限公司关于公司设立以来股本演变情况的说明[OL].2010—6—17。

[57] 郭小平. 欧洲新媒体规制对中国三网融合的启示[J]. 现代视听,2010(4).

[58] 关萍萍. 媒介融合背景下网络视频产业政策的内容分析[J]. 电视研究,2011(8).

[59] 马英娟. 政府监管机构研究[M]. 北京: 北京大学出版社,2007.

[60] 卞志村. 金融监管学[M]. 北京: 人民出版社,2011.

[61] 吴曼芳.媒介的政府规制[M].北京：中国电影出版社,2008.

[62] 国家广电总局发展研究中心课题组.发达国家广播影视管理体制和管理手段研究[M].北京：中国传媒大学出版社,2007.

[63] 吴飞.大众传媒经济学[M].杭州:浙江大学出版社,2003.

[64] 孙效敏.外资并购境内企业监管研究[M].北京：北京大学出版社,2010.

[65] 姜飞.海外传媒在中国[M].北京:中国文联出版社,2005.

[66] 崔保国.2014 年中国传媒产业发展报告[M].北京:社会科学文献出版社,2014.

[67] [日]植草益.微观规制经济学[M].朱绍文,胡欣欣,等,译.北京：中国发展出版社,1992.

[68] [英]卡罗尔·哈洛,理查德·罗林斯.法律与行政[M].杨伟东,等,译.北京：商务印书馆,2004.

[69] 魏永征.中国传媒业利用业外资本合法性研究[J].新闻与传播研究,2001(2).

[70] 姚德权,赵文英.传媒业外资准入收缩与发展:规制视角[J].财经理论与实践,2006,27(144).

[71] 柏杨.我国传媒监管体制的路径选择[J].中国广播电视学刊,2007(5).

[72] 孙发友,李艳华.新加坡新闻传媒控制模式透视[J].编辑之友,2005(2).

[73] 钱晓文.外资传媒在华经营模式及其影响 [J].新闻记者,2001(8).

[74] 朱昭林,任超峰.中美政府规制的比较制度分析[J].贵州大学学报,2008(5).

[75] 马英娟.监管的语义辨析[J].法学杂志,2005(5).

[76] 项卫星,李宏瑾.当前各国金融监管体制安排及其变革:兼论金融监管体制安排的理论模式[J].世界经济,2004(9).

[77] 张咏华,潘华,刘佳.境外媒体进入上海的现状与挑战[J].新闻记者,2005(6).

[78] 陈德金.公司治理与传媒集团双边治理模式的构建[J].现代管理科学,2010(10).

[79] 周汉华. 基础设施产业政府监管全权的配置[J]. 国家行政学院学报,2002(2).

[80] 李良荣. 从单元走向多元——中国传媒业的结构调整和结构转型[J]. 新闻大学,2006(2).

[81] 李岚. 传媒产业的理论视角:控制与影响因素分析[J]. 现代传播,2004(5).

[82] 骆正林. 公共政策变迁和媒介生态循环[J]. 中国传媒报告,2003(2).

[83] 朱金凤. 中国传媒业外资准入规制研究[D]. 长沙: 湖南大学,2008.

[84] 屠正锋. 中国传媒业的监管与规范[D]. 上海: 复旦大学,2007.

[85] 周敏芬. 全面开放条件下我国外资银行监管问题研究[D]. 杭州: 浙江大学,2007.

[86] 余宏华. 基于产业安全视角的中国传媒业外资作用机制研究[D]. 长沙: 湖南大学,2008.

[87] 陶鹤山.中国传媒集团化中政府行为的经济学分析[A]. 郑保卫. 论媒介经济与传媒集团化发展[C]. 北京: 中国人民大学出版社,2003.

[88] 李志坚. 外资投资中国电视业展望[R/OL]. 中国新闻传播学评论网,2005—01—14.

索　引